VORWORT

Wer schreibt, möchte etwas erzählen, von seinem Blick auf die Welt, von gestern-heute-morgen, seinen Hoffnungen, von seinen inneren und äußeren Wanderungen. Wer schreibt, wird sich seiner selbst bewusst und tritt in Kontakt mit anderen, seinen Lesern und Zuhörern.

Wir, die Gruppe für Kreatives Schreiben unter dem Dach des Potsdamer SEKIZ, legen hier erstmalig eine Auswahl von Geschichten, Skizzen, Märchen und Gedichten vor, die im Laufe der letzten drei Jahre entstanden sind.
Die Gruppe wurde auf Anregung von Ludmilla Scholz ins Leben gerufen und fortan von ihr geleitet. Ab 2011 übernahm Beate Fischer die kreative Anleitung der Schreibnachmittage. Mit der Zeit kristallisierte sich ein fester Mitgliederkern heraus.

Zweimal im Monat treffen wir uns und schreiben, schreiben, schreiben. Zu den unterschiedlichsten Themen, biografisch oder fiktional, probieren uns aus in verschiedenen Textformen, lassen uns ein auf Assoziationen, schlüpfen in andere Rollen, spielen mit Wörtern und Worten, werden ernst, übermütig oder lyrisch, begeben uns auf Fantasiereisen in die Vergangenheit oder Zukunft. Im Anschluss lesen wir uns die Texte vor – wir sind uns gegenseitig das erste Publikum. Wichtig ist: bei uns gibt es kein Richtig oder Falsch – Bewertung hemmt die Kreativität! So überrascht und freut uns immer wieder, wie unterschiedlich ein jeder das gleiche Thema verarbeitet hat, je nach Verständnis, persönlichem Hintergrund oder Lust und Laune. Vertrauen, gegenseitige Anerkennung und offener Austausch – sie sind unsere Quellen für Inspiration und künstlerisch-kreativen Ausdruck.

Für das vorliegende Buch wählten wir vor allem Texte, die sich mit Potsdam verbinden – unserer Stadt, dem Ort, in dem und in dessen Umgebung wir leben.
Potsdamer Chosen – das sind 30 erlebte, erspürte, anverwandelte Stadt-Geschichten, eben Potsdamer Angelegenheiten.

Impressum

Herausgeber:
Gruppe für Kreatives Schreiben im SEKIZ e. V. und LESEESEL GbR von A - Z

Leitung:
Ludmilla Scholz, Potsdam
Beate Fischer – mediumTEXT, Potsdam

1. Auflage 2015
Copyright 2015 © Interessengruppe Kreatives Schreiben im SEKIZ e. V. Potsdam

Layout und Satz: Pixelkost - geschmackvolles Gestalten, Annaberg-Buchholz
Collagen: Gruppe für Kreatives Schreiben im SEKIZ e. V. Potsdam
Titelfoto: Beate Fischer, Potsdam

Printed in Germany.
ISBN 978-3-00-048709-5

AUS DEM INHALT

Bekenntnisse

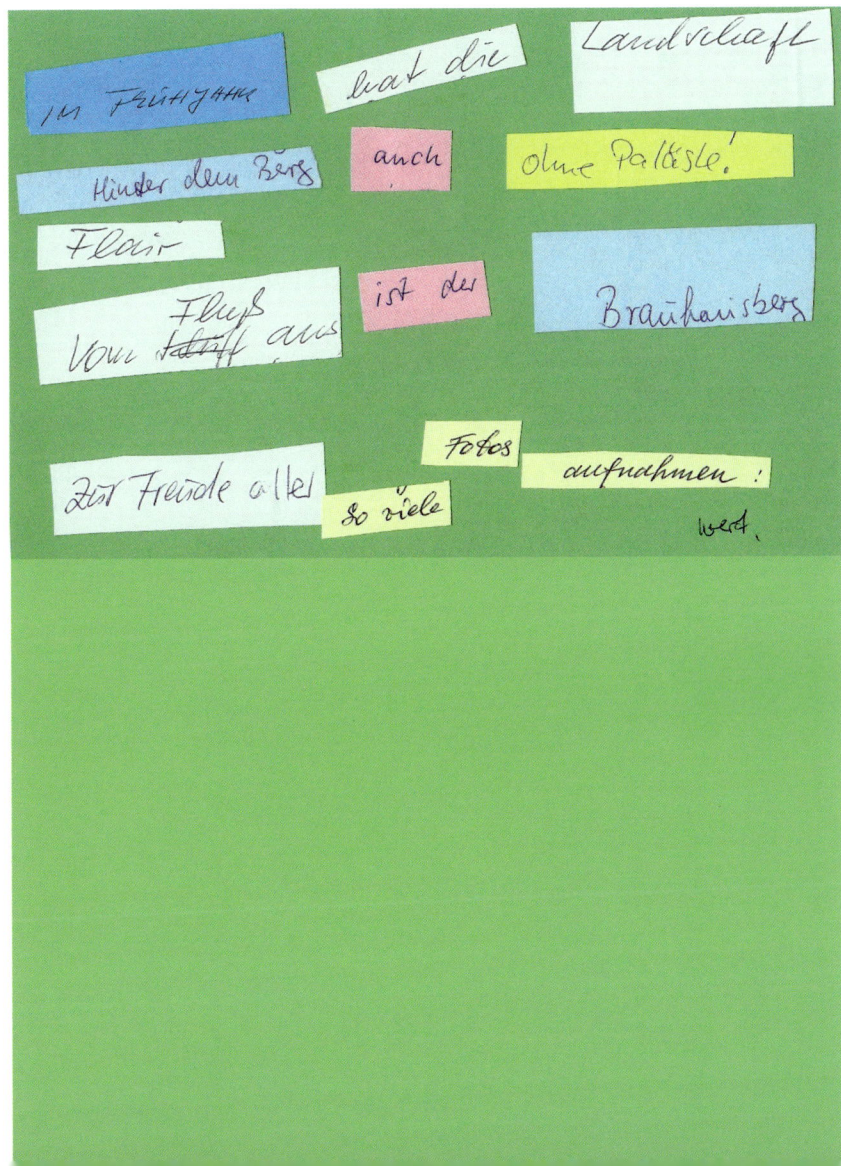

Meine Stadt

Manchmal denk ich nur für einen kurzen Augenblick
So sah das damals aus,
gleich kommt der König zurück
und vor dem Schlosse steht ein steinerner Teich
da drin schwimmt der alte Fritz und
regiert die Fische mit einem Witz
den bunten Häusern der Stadt
hat man das Bunte platt gemacht,
die Fassaden erstrahlen im vornehmen Bleich
die Menschen da drinnen sind alle reich.
Ich
wohne trotzdem hier
die Straßen der Mitte sind mein Revier
von hier lass ich mich nicht verschieben
von keinem der Geld hat, nach Belieben
mein Haus ist mein Haus das teile ich nur
mit meinem Hund und ich spann eine Schnur
Da dran hängt ein Schild: wer echt ist kommt rein,
das ist mein Zuhaus,
so bleibt es sein.

Maria Stolz

Nur eine Kugel

1948. Der Sommer war heiß wie alle folgenden, die ich in meiner Kindheit erlebte. Der Park Babelsberg – ein Eldorado! Die Lindenbäume blühten in einer Fülle, sodass die Äste herabhingen und das Pflücken der Blüten nicht die geringste Mühe bedeutete. Wir mussten uns nicht von der Stelle bewegen, um unsere Taschen zu füllen. Wir pflückten bis zum Sonnenuntergang. Nicht pflücken hieß, kein Lindenblütentee, kein Lindenblütentee hieß, Leitungswasser trinken. Stolz brachten wir unsere Ernte nach Hause. Auf den Schränken war bereits Zeitungspapier ausgelegt, auf das die Blüten zum Trocknen gelegt wurden. Was für ein Duft in der ganzen Wohnung. Der Lindenblütentee für den kommenden Sommer war gesichert.

Eines Tages empfing uns unsere Mutter, als wir, ich und meine zwei Geschwister, aus der Schule kamen. Wir wurden nie empfangen, wir kamen einfach nach Hause. „Na, es ist ja wieder sehr heiß heute. Nach dem Mittagessen gibt es eine Überraschung." Aus der Küche kam der typische Geruch von Brotsuppe, die bei mir einen Brechreiz auslöste, das wusste meine Mutter. Sie kochte sie trotzdem. „Brotsuppe", so sagte sie stets, stark betont, „sei in ihrem Elternhaus in Pommern etwas Besonderes gewesen." Die Überraschung lockte. Ich schlang die Suppe herunter, verschluckte mich absichtlich, um erbrechen zu können, es klappte. Die Prozedur musste ich wiederholen, bis mein Teller leer war. „Na, es geht doch", sagte meine Mutter. Sie merkte wieder einmal nichts. Die große Überraschung folgte prompt. Meine Mutter holte ihr Portemonnaie und gab uns 10 Pfennig und ein kleineres Gläschen in die Hand. „Geht zu Dippe", in die Eisdiele, die in der Karl-Liebknecht-Straße war. „Nur eine Kugel!", sagte sie mit besonderer Betonung. Was für eine Überraschung! Man stelle sich heute eine Überraschung dieses Ausmaßes vor! Wir rasten durch die Garnstraße in die Karl-Liebknecht-Straße zur Eisdiele. Das Anstehen war uns nicht fremd, also stellten wir uns an, die Schlange war sehr lang. Kinder kamen mit ihren Schüsseln an uns vorbei, das Wasser lief mir im Mund zusammen. Drei, oft vier Kugeln konnte ich zählen. Endlich hatte das Warten ein Ende. Wie ein Pistolenschuss platzte ich heraus: „Nur eine Kugel!"

„Eine? Keine Kugel bekommst du, das Eis ist ausverkauft." Meine Tränen wollte meine Mutter nicht sehen. Wie enttäuscht war ich von ihr.

Antje Sommerfeld

Hinter dem Horizont

Das Büro sah aus wie vor einem Jahr. Der gleiche große halb vertrocknete Gummibaum in der Ecke. Den Polizeibeamten hinter dem Computer kannte Evelyn nicht. Die Aufnahme der Vermisstenanzeige lief ab wie immer. Der Beamte, grauhaarig, um die 55, arbeitete sachlich seinen Fragenkatalog ab. „Wie alt ist Ihr Sohn?" „Elf Jahre", sie schluckte hart, versuchte sich zu beherrschen und nicht hysterisch zu klingen. „Und Sie sagen, er ist schon mal vor ungefähr einem Jahr weggelaufen? Haben Sie damals herausbekommen, was der Grund dafür war?"

Evelyn stöhnte innerlich auf. Diesen Blick, diese unausgesprochenen Verdächtigungen kannte sie schon vom letzten Mal. Eine Nachbarin hatte laut verkündet, was alle in der näheren Umgebung dachten – einer anderen Nachbarin, über den Gartenzaun, und sicher, dass Evelyn es hören konnte: „Aus einer normalen Familie läuft kein Zehnjähriger weg. Das kommt ja in den besten Familien vor, nach außen tun sie intelligent und vornehm, aber hinter geschlossenen Türen werden die Kinder verprügelt. Oder noch schlimmer." Die Polizei hatte offensichtlich eine ähnliche Meinung, weil die Familie nach dem Auffinden Christians zum Jugendamt und zum Psychologen geschickt wurde. Der Junge war über 200 km von zu Hause entfernt gewesen, als er von einem Polizisten identifiziert wurde. Ein dreiviertel Jahr, zweimal die Woche, ist sie seitdem mit Christian zum Psychologen gerannt. Das Ergebnis, das der Psychotherapeut ihnen zum Schluss mitgeteilt hatte, war dürftig: vorpubertäre Störungen. Der Junge bräuchte mehr liebevolle Zuwendung, interessante Hobbys, hatte der Psychologe wichtigtuerisch erklärt, dann würde dieser Drang nach Abenteuern sich schon legen. „Fahren Sie mit ihm in den Urlaub, am besten in die Natur. Fischen. Zelten." Damit war der Psychologe am Ende seiner Weisheit.

Mit Christian selbst hatten Frank und sie stundenlang gesprochen. Mal ruhig, mal sehr aufgebracht, hatten sie versucht, Antworten auf ihre Fragen zu bekommen: „Was fehlt dir? Warum tust du das? Verstehst du denn nicht, was du Mama und Papa für Kummer bereitest?" Christian verstand das, er war untröstlich, konnte aber nicht erklären, was ihn antrieb. „Das ist wie ein Ziehen", versuchte er unbeholfen den Eltern zu erklären, was ihn quälte. „Irgendetwas zieht an mir, zieht mich weg." Das Gespräch endete wie immer, alle drei weinten oder hatten Tränen in den Augen und verharrten in gemeinsamer Umarmung.

Christian wiederholte schniefend, dass er das nie wieder machen würde.
„Frau Simon!", der Beamte wurde ungeduldig, „Hören Sie mich? Hatte Ihr
Sohn Streit mit Ihnen oder Ihrem Mann, bevor er weglief?" Das Gesicht der
Nachbarin tauchte vor Evelyns innerem Auge auf: „In den besten Familien
kommt das vor." „Ja", sagte sie müde und wusste, dass ihre Worte einen
ganz schlechten Eindruck machen würden, „der Junge ist in letzter Zeit immer
aufmüpfiger geworden". Sie fing an, die Situation zu erklären: Frank hatte
versucht, sich mit Strenge durchzusetzen, Grenzen zu ziehen, wie er sagte,
sie war ja nicht da, um die Wellen zu glätten. Im Zorn war Frank irgendetwas
wie „dein richtiger Vater würde sich wundern" herausgerutscht. „Die Sache ist
die, dass unser Sohn durch eine künstliche Befruchtung auf die Welt kam." Der
Beamte hörte auf, auf der Tastatur zu hämmern und starrte sie überrascht an.

Evelyn holte tief Luft. An diese sieben Jahre erinnerte sie sich äußerst ungern.
Das war die schlimmste Zeit ihres Lebens. Diese Zeit konnten nur die Nächte
der Angst überbieten, als der Junge vermisst wurde und die Stunden heute,
nachdem sie seinen Zettel gefunden hatte: „Liebe Mami, ich weiß, ich hab's dir
versprochen, aber ..."

Evelyn würde niemandem wünschen, was sie in den sieben Jahren zwischen
Hoffnung und Bangen durchmachten, als sie versucht hatten, ein Kind zu
bekommen. Ein Wunder, dass ihre Ehe an dieser Prüfung nicht zerbrochen
war. Die Nerven waren aber kurz vor dem Zerreißen gewesen. Die
üblichen Methoden hatten nichts gebracht, trotz der fast übermenschlichen
Bemühungen ihrerseits. Von den Ärzten wurde die künstliche Befruchtung
empfohlen. Nach dem dritten, dem letzten Versuch, den die Krankenkasse
bezahlt hatte, war trotz aller Hoffnung kein positives Ergebnis zu verzeichnen.
Das junge Paar könnte es auch weiter versuchen, müsste aber diese Versuche
selbst bezahlen. Das Geld war nicht da, sie mussten sich nun damit abfinden,
nie ein eigenes Kind in den Händen zu halten. Frank schlug zaghaft eine
Adoption vor. Da hörte Evelyn über eine Bekannte von einem privaten Institut
für Insemination. „In-Vitro" hieß es, in dem man neuartige Methoden der
künstlichen Befruchtung ausprobierte. Das Interessanteste dabei war, dass
die Methode ein Mal kostenlos angewandt wurde, wenn man sich verpflichtete,
mit dem so gezeugten Kind bis zu seinem 18. Lebensjahr an einer Studie
teilzunehmen. Evelyn hatte den Vertrag gründlich studiert. Die Anforderungen
der Studie waren ganz normale medizinische Untersuchungen. Die Studie
wurde von einer Psychologin begleitet. Das Ziel der Studie ging in einer
Anhäufung medizinischer Termini unter. Was Evelyn aus den Erklärungen

der Ärzte verstanden hatte, hörte sich gut an. Die Kinder wurden gründlich untersucht, ihre Entwicklung genau protokolliert und beobachtet, man konnte sich jederzeit einen Rat in Erziehungsfragen holen. Was wollte man mehr.

Nur eine Klausel im Vertrag hatte sie seltsam berührt: die strenge Geheimhaltung, was den Namen des Spenders betraf, und die unverständliche Absicherung, dass die Kunden auf jegliche Forderungen gegenüber dem Institut verzichten, sollte der besagte Name bekannt werden. Die beiden hatten über diese ihnen unlogisch erscheinende Klausel diskutiert (Wieso sollten die zukünftigen Eltern das Institut verklagen? Das wäre doch höchstens Sache des Spenders, wenn der sich irgendwie auf den Schlips getreten fühlen sollte, z. B. wenn „seine Kinder" plötzlich Unterhalt von ihm wollten). Schließlich hatten sie die Klausel aber als juristische Spitzfindigkeit einsortiert und später vergessen.

Der Polizist fragte sie gerade zum zweiten Mal irgendetwas. Evelyn versuchte das Dröhnen in ihrem Kopf zu ignorieren und sich auf die Worte zu konzentrieren. „Frau Simon, gab es denn Anzeichen, dass Ihr Sohn so etwas vorhatte?" Oh ja, sie hatte sich noch so gequält deswegen. Gestern, als sie Christian den Gute-Nacht-Kuss geben wollte, hatte er sie plötzlich unter die Bettdecke gezogen und wollte unbedingt mit seiner Mama kuscheln, so wie in den alten Zeiten, als er noch ganz klein war. Er, der schon lange keine Küsschen in der Öffentlichkeit ertragen konnte, schließlich sei er doch kein Baby mehr. Da hätten bei ihr die Alarmglocken läuten sollen! Und er hatte ununterbrochen erzählt: von seinem letzten Traum, vom Meer, vom Rauschen der Wellen, von Inseln, die sich dunkel am Horizont abzeichnen, von Palmen im Wind ...

Der Beamte wurde hellhörig. „Hat er sich denn schon früher für die Romantik der Seereisen interessiert?" Schon als kleiner Junge, nickte Evelyn. Er hatte lieber mit Booten gespielt als mit Autos, Segelschiffe gemalt, stundenlang über Karten mit Routen der großen Seefahrer und Entdecker gehockt.

„Wo wurde Christian letztes Mal aufgegriffen?", fragte der Polizist. „In der Nähe der Nordsee", sagte sie und verstand, worauf der Mann hinauswollte. „Er war unterwegs nach Hamburg. Sie meinen, er will sich auf ein Schiff schleichen und eine Hochseereise machen?" „Entweder das, oder er sucht nach seinem richtigen Vater. Wissen Sie, in solchen Fällen können wir Druck machen. Es könnte sein, dass der Junge den Namen des Vaters vielleicht auf seiner Patientenkarte gelesen hat. Sie sagen doch, dass er an einer Studie teilgenommen hat und in letzter Zeit öfter alleine zu den Untersuchungen gegangen ist. Wenn das für die Ermittlungen wichtig sein sollte, muss uns das Institut den Namen des Spenders verraten". Wie auf Kommando kam Evelyn in diesem Zusammenhang eine vergessene Erinnerung hoch. Als sie einmal unangemeldet mit einem Problem zur Betreuerin der Studie kam, es hieß ja, man könnte jederzeit die Psychologin aufsuchen, fing sie bei der Anmeldung zufällig die Fetzen des Gesprächs der Schwester mit der Ärztin auf: „... der Sonderspender, ja, ich glaube, Nr. 8" „Ach, der Engländer." Sie wusste noch, wie sie sich fragte, ob sie Christian damit meinten. Dann wäre sein Vater ein Engländer. Und was für ein Sonderprogramm sollte das sein? Plötzlich wollte sie das ganz genau wissen, irgendwie hatte sie das Gefühl, dass da noch mehr war. Geheimnistuerei hatte sie schon immer gehasst.

Auf Anfrage der Polizei musste das Institut Farbe bekennen und die Karten offenlegen. Evelyn und Frank wurden ins „In-Vitro" bestellt und man erklärte ihnen, dass an diesem Institut eine neue Methode entwickelt wurde, die es möglich machte, Zellkerne aus den Knochen oder Haaren längst verstorbener Menschen zu isolieren und in die Muttereizelle einzusetzen, besser gesagt, die Muttereizelle zu ersetzen. Das Baby war identisch mit dem Spender. Ein Klon also, wie die überraschten Eltern erfuhren. Man hatte auf der ganzen Welt nach den Überresten der Genies, der großen Persönlichkeiten der Vergangenheit gesucht. Die gefundenen Gene wurden nach und nach eingesetzt. „Und Christian, wessen Klon ist er?", fragte Evelyn atemlos. „Der des großen Entdeckers der Meere, James Cook. Seine Nachfahren hatten uns eine Haarlocke überlassen, die angeblich von ihm stammen sollte."

Ludmilla Scholz

Märkische Freundlichkeiten - eine Trilogie

1. Mann mit Hund und Gewehr

An einem heißen, schwülen Tag im August 2012 sitze ich mit großem Wohlbefinden über die Existenz dieses Ortes auf meiner Schreib-, Studier- und Lesebank an der Glienicker Brücke im freien Hörsaal der Natur.

Auf dem Uferweg nähert sich, von links kommend, ein älterer Herr mit seinem, ebenfalls in die Jahre gekommenen Hund. Der Mann in rot-schwarzem Overall, schwarzer Kappe und mit einer dampfenden Zigarette im Mundwinkel beginnt laut und sehr deutlich zu schimpfen: „Kalaschnikow, alle abschießen!" Schließlich, auf meiner Augenhöhe, legt er verbal nach und beschimpft mich direkt als Scheißwessi. 68 Jahre sei er alt und müsse immer noch arbeiten.

Es ist eigentlich nicht zu fassen, aber heute, in diesem Moment, an diesem Tag um 14.30 Uhr in der Sonne des Septembers 2012 kommt eben dieser Mann mit Hund wieder vorbei, sputet sich und tritt schlanken Schrittes nach rechts ab, ohne erneute Wortkanonaden.

Im August blieb er vor mir stehen und richtete seine Verbalattacke gegen mich. Heute überzeuge ich mich davon, dass er nicht betrunken und auch sonst zurechnungsfähig ist. Richte meinen Blick auf ihn, hole mein lautes Organ heraus und frage:

1. „Wissen Sie, wo ich geboren bin?

2. Kennen Sie mein Leben und

3. unterstehen Sie sich und richten Sie noch ein Wort an mich! Guten Tag und guten Weg!"

Es geschieht, was ich vermutete, er zieht den Schwanz ein und verschwindet. Wohl denn!

Michael Timofejewitsch Kalaschnikow, am 10. November 1919 in Kurja geboren, war ein russischer Waffenkonstrukteur und Generalleutnant. Er feierte also am Tag der Öffnung der Glienicker Brücke am 10. November 1989 seinen 70. Geburtstag. Er entwarf 1947 das wohl berühmteste und meist gebaute vollautomatische sowjetische Gewehr. Weit über 100 Millionen Mal wurde diese Waffe in alle Welt bis heute verkauft.
Anlässlich seines 90. Geburtstages 2009 wurde der zweimalige Held der

sowjetischen Arbeit vom Präsidenten mit dem Titel „Held der Russischen Föderation" ausgezeichnet.

2. Norden

Auf meinem Weg zur Glienicker Brücke wechsele ich am Alten Markt die Linien der Straßenbahnen. Meist verbleiben 3 - 6 Minuten für den Umstieg. Vom Hauptbahnhof kommend, fragen sehr häufig Touristen nach dem Weg. Am Zungenschlag erkennt man die Himmelsrichtungen, aus denen sie nach Potsdam angereist sind.

Auffallend viele Gruppen älterer Menschen bevölkern den Umsteigepunkt. Und während ich warte, werde ich unwillentlich Zeugin vieler Gespräche und zeitgeistiger Bricolagen unterschiedlicher Generationen und Mentalitäten.

Unter den Touristengruppen der Geburtsjahrgänge 1932 bis 1942 geben oft Männer den Ton an. Sie „norden" die Gruppe auf das Ausflugsziel ein, verhalten sich bestimmend, ziemlich rechthaberisch und sind meist höchst ungehalten über fußkranke Zeitgenossen.

An einem dieser Tage traf ich auf eine märkische Altherren- und Damengruppe, auf dem Weg zur „Friederisiko-Ausstellung" im Neuen Palais. Sie klärten gleich das übernächste Ausflugsziel ab. „Na, als Nächstes fahren wir dann nach NRW", meinte der Mann ‚mit dem Hut auf' und die Kumpanen johlten los: „Na, ob wir da nicht besser in den Kosovo fahren?"

Warum, fragte ich mich, machen sich die alten Haudegen nicht auf den Weg ins Kriegsgebiet ihrer Phantasie?

3. Glienicker Brücke

Es muss bei einem meiner Besuche der Stadt Berlin im Jahre 1969 gewesen sein, dass ich die Glienicker Brücke zum ersten Mal zu Gesicht bekam.

Wir, die Schülerinnen der Hedwig-Heyl-Schule (Fachschule für Frauenberufe) aus Hannover, waren an diesem Tag bereits im Pergamonmuseum und in Berlins ältestem Restaurant „Zur letzten Instanz" gewesen. Zwischen Ost und West, beim Umsteigen an der Friedrichstraße, hatte ich meine alte, heiß geliebte Baskenmütze verloren, für immer.

Über die Königstraße, der Bundesstraße 1, die einst von Königsberg (seit 1946 heißt die Stadt Kaliningrad) in Ostpreußen bis nach Aachen an der deutsch-belgisch-niederländischen Grenze in Nordrhein-Westfalen führte, erreichten wir die Glienicker Brücke und wandten unsere Blicke von West nach Ost. Von

Potsdam hatten wir keine Vorstellung, nur mit der Potsdamer Konferenz und den Beschlüssen der Alliierten von 1945 hatten wir uns intensiv befasst.

Genau 20 Jahre später saß ich in Hildesheim am Fernseher und verfolgte mit großer Freude und Herzklopfen, wie genau am 10. November 1989 die Bürgerinnen und Bürger aus Potsdam mit Kind und Kegel, mit und ohne Trabi, Wartburg, Škoda und Moskwitsch die Brücke überquerten. Außer sich vor Freude und wohl das glücklichste Volk der Welt in diesen Momenten waren in diesen Tagen die Deutschen im Osten und Westen, Norden und Süden des bis dahin geteilten Landes.

Die Grenztruppen der DDR, Passkontrolle und Zollverwaltung, hatten die Anweisung bekommen, um 18.00 Uhr die Schlagbäume zu öffnen. Wie ein Magnet zog die Glienicker Brücke die Menschen an, die zu Tausenden an diesem Tag und den folgenden die Brücke passierten. Ein großes Schild auf der Potsdamer Seite beschreibt heute, was damals geschah:

„Hier waren Deutschland und Europa bis zum 10. November 1989 um 18.00 Uhr geteilt."

Es dauerte fast weitere 20 Jahre, bis ich, die ich seit Herbst 2001 „Preußische Pflanzkartoffel" bin, an einem kalten, tief verschneiten Wintertag des Jahres 2004 die Glienicker Brücke von der Potsdamer zur Westberliner Seite mit großem Respekt überquerte. Jeder Schritt war bewusst gesetzt und eine Erinnerung an die Geschichte dieses Ortes! Bis dahin hatte ich immer Halt und Einkehr im Café der alten Tankstelle aus den 1920er Jahren gemacht. Heute heißt die vornehm restaurierte Tankstelle „Garage du Pont" und beherbergt ein Restaurant. Im alten Café trank ich immer einen Espresso und erfreute mich daran, endlich in dieser Stadt mit dieser fast mythischen Brücke zu Hause und angekommen zu sein.

Hilke Brinker

Wo schaust du hin ...?

Wo schaust du hin,	Philosoph
Wo schaust du hin,	Ohne System
Wo schaust du hin,	Trübe, trist, verhangen sind deine Blicke
Wo schaust du hin,	Schweigsamkeit ist dein Gelöbnis
Wo schaust du hin,	Dämmerlicht schon zu Tagesbeginn
Wo schaust du hin,	Aufklärer, neu, du bist nur Zeitabschnitt
Wo schaust du hin,	Medium, mehrdeutig

Wohin sollen sich nun deine Blicke wenden?

Schau dich um!

17 /

Antje Sommerfeld

Mädchen aus Stein

Im Marlygarten, zum Park Sanssouci gehörend, steht ein Mädchen. Es kann weder laufen noch sprechen, nicht hören, nicht sehen, auch nicht riechen. Dabei täte es normalerweise besonders Letzteres bestimmt gern, wie sich jeder unschwer vorzustellen vermag, der das Mädchen kennt, denn es trägt einen Blumenkorb über dem Arm. Aber alles ist aus Stein: das Kind, der Korb, die Blumen. Alles. Nur um das steinerne Gebilde herum grünt und blüht es in den prächtigsten Farben. Das wenigstens ist Natur. Nur die Hauptperson ist leblos. Die Hauptperson – „das Floramädchen" genannt. Deren Gesichtszüge sind undurchdringlich, fast wie das Lächeln der Mona Lisa. Was mag in dem Stein-Mädchen vorgegangen sein? Wollte es zum Markt, um Blumen aus eigenem Garten zu verkaufen, und fiel es ihm schwer, sich davon zu trennen? Oder hat es die Rosen, Tulpen, Nelken gepflückt, um es in sein Zimmer zu stellen und sich daran zu erfreuen? Wollte es gar zu einem Kranken, auf dass das florierende Kunstwerk im Korb zu dessen schnellerer Genesung beitrage? Ich sitze auf der Rundbank davor und mache mir so meine Gedanken. Warum eigentlich? Es ist ohnehin nicht mehr nachvollziehbar, was das Mädchen, geschaffen von einem Bildhauer, mit den Blumen vorhatte.

Anderen Leuten scheint es ähnlich zu gehen. Ein älteres Ehepaar hat sich zu mir gesellt. Die beiden tuscheln, aufgeregt wie mir scheint, miteinander, und schließlich zückt der Mann seinen Fotoapparat, um die Figur von allen Seiten abzulichten. Sicher Touristen. Wir kommen miteinander ins Gespräch, und ich kann mir die Frage nicht verkneifen, was sie von dem „Floramädchen" halten. Vielleicht ein Kind, das der Mutter eine Freude machen wollte, so die Meinung der Frau, während dem Mann eher das künstlerische Geschick des Schöpfers dieses Kunstwerkes imponiert. Denn dass es ein Kunstwerk ist, bleibt unbestritten. Was täte ich, wenn das „Floramädchen" plötzlich zum Leben erwachte und mir eine Blume anböte? Würde ich sie ihm abkaufen? Bestimmt. Auf alle Fälle würde ich die Gelegenheit nutzen, mit der Kleinen ins Gespräch zu kommen, Persönliches zu hinterfragen. „Hast du aber schöne Blumen. Da wird sich deine Mama aber freuen. Nicht für die Mama? Für wen denn dann? Wie heißt du überhaupt?" So oder ähnlich. Was für ein Unsinn. Ich schüttele den Kopf über mich selbst. Auf Ideen komme ich! Das Mädchen ist aus Stein und bleibt aus Stein. Basta! Überdies wird es mir langsam zu kühl auf der Bank. Ich verabschiede mich von dem Ehepaar, wünsche den beiden noch einen schönen Abend und schlendere weiter. Aus einiger Entfernung drehe ich mich noch einmal um. Auch das Ehepaar hat sich erhoben und ist im Begriff zu gehen. Nur das „Floramädchen" steht noch immer am gleichen Fleck. Es wird auch morgen, in einem halben Jahr, in zehn Jahren noch da stehen. Nicht hörend, nicht sehend, nicht sprechend. Zum Betrachten geeignet, das ja. Allenfalls die Gebrüder Grimm hätten die Möglichkeit gehabt, einen edlen Prinzen herbeizuzaubern, der es aus seiner Erstarrtheit erlöst, aber uns wird es trotz modernster Technik glücklicherweise nicht gelingen. Wie gesagt: Es ist und bleibt bis in alle Ewigkeit aus Stein.

Sabine Blume

Frühling

Träumen wollte ich allein,
suchte Frühlings' frischen Morgenschein.
Rechts verträumtes Märchenhaus am Weg.
Links die graue Mauer manchmal schräg.

Ungestört hätt diesen Tag ich gern gehabt.
Frühlingssehnen mich seit Langem plagt.
Hoch hinauf, so führt der Weg zum Turm,
plötzlich frohe Zeichner überall herum.

Vorn am Baum ein junger Mann,
malet sich sein Buschwindröschen an.
Unberührte filigrane Blütenstände
zaubern die geschickten Malerhände.

Vor dem Tunnel, der gewunden ist aus Linden,
hingegossen eine zarte Frau zu finden.
Ihre Blicke fliegen hoch zu Pegasus,
voller Sehnsucht, zu dem Dichterross.

Gelbe, rote, blaue Krokusse vom Rand
auf dem nächsten Blatt ich fand.
Hingetuscht von einer Malerin daneben.
Sind so frisch und bunt, wie die, die leben.

In den Bögen auf den Stufen,
scharenweise, Pinsel Knospen schufen.
Ganz verwundert blieb ich stehen,
staunte, was die feschen Künstler sehen.

Denn, sie fangen auf dem Blatt,
mehr als Frühling mir zu bieten hat.
Künstler spüren, wach im Geist,
wie Natur, sein unberührtes Leben preist.

Wechselspiel von Zeichenblatt und Raum
spiegeln mehr als jeder Traum:
Belvedere findet Jahr für Jahr
keuschen Frühlingsberg so wunderbar.

Träumen wollte ich allein,
doch im weichen Sonnenschein,
schenkten die Eleven eine Frühlingslust,
wovon sonst ich hätte nie gewusst.

Klaus Andreas

Als ich

Als ich Kind war, spielte ich mit Kähnen an der Neustädter Havelbucht.
Als ich Kind war, tranken wir Waldmeistersirup mit Wasser.
Als ich Kind war, spielte jedes Märchen in Sanssouci.
Als ich Kind war, holte ich Brötchen bei Bäcker Schröter.
Als ich Kind war, musste ich freitags die Treppe fegen.
Als ich Kind war, ging ich am 1. Mai demonstrieren.
Als ich Kind war, spazierten wir sonntags über die Freundschaftsinsel.
Als ich Kind war, fuhr der O-Bus durch Babelsberg.

Als ich größer wurde, ging ich am Stern in die Schule.
Als ich größer wurde, feierten wir das Fest der russischen Sprache.
Als ich größer wurde, bekam ich die Jugendweihe.
Als ich größer wurde, ruderten wir zu zweit zum Templiner See.
Als ich größer wurde, hatte ich Liebeskummer.

Als ich fortging, gaben mir die Leute die Hand und staunten.
Als ich fortging, aß ich Fish and Chips und trank Whisky im Pub.
Als ich fortging, vermisste ich den preußischen Himmel.
Als ich fortging, wünschte ich mich zurück.

Beate Fischer

Stadtgeflüster

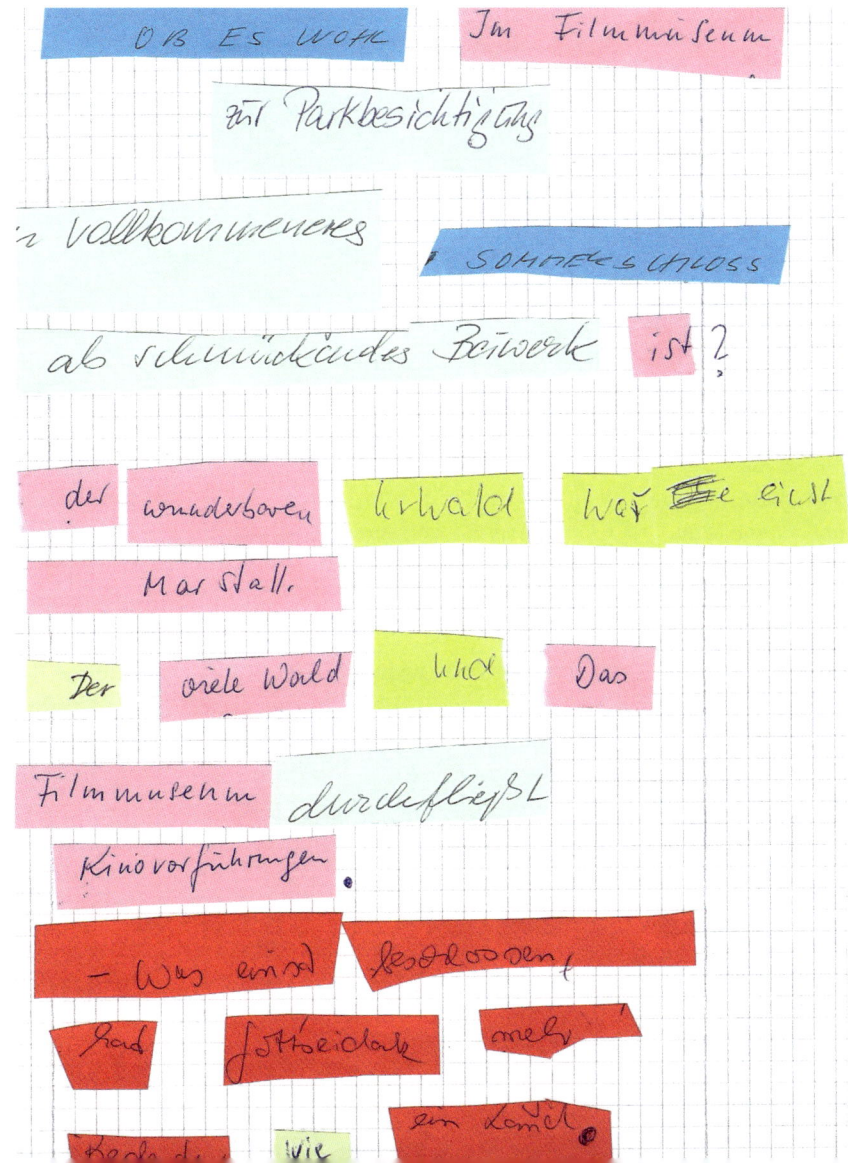

OB ES WOHL   Im Filmmuseum

zur Parkbesichtigung

n vollkommeneres   SOMMERSCHLOSS

als schmückendes Beiwerk ist?

der wunderbaren Urwald war Ee gibt

Marstall.

Der viele World und Das

Filmmuseum durchfließt

Kinovorführungen .

– Was einst beschlossen,

had fottseidank mehr

ein Lamel

wie

Am Heiligen See

Das Gras war verdorrt und stachelte. Die strohigen Halme bohrten sich in die Haut und hinterließen dort tiefe Druckstellen. Seit einer halben Stunde saß Evin nun schon in seinem Versteck und starrte auf das Pärchen, das sich ein paar Meter weiter niedergelassen hatte. Seine Beine waren inzwischen eingeschlafen, der Rucksack im Rücken drückte. Die Flasche Wein lag quer. Aber er wagte es nicht, sich zu bewegen. Jedes Geräusch könnte ihn verraten. An diesem Sommerabend waren nur er, das Paar und einige Enten am See. Die Frau kicherte und schnurrte, während der Mann ihr etwas ins Ohr raunte und seine Hände über ihren Körper gleiten ließ. Es war fast unerträglich heiß. Evin hatte Durst und die Mücken zerstachen ihn. Ein Käfer kletterte seine nackten Waden hinauf und eine fette Fliege umbrummte unaufhörlich seinen schwitzigen Kopf.

Der Mann auf der Wiese schob seine Hand unter die Bluse der Frau. Er tastete die weiche Haut vorsichtig ab. Fordernd strich er über ihre schmal gewölbten Hügel. Die Frau schob die Hand sanft weg. Evins Unterleib zuckte, als er sah, wie sie sich lockend entzog. Ihre Formen kamen ihm seltsam vertraut vor. Der Rücken schmerzte, aber Evin verkniff es sich zu stöhnen. Vorsichtig suchte er nach einer neuen Position, ohne sich bemerkbar zu machen. Der Schwarze öffnete ihr langsam mit einer Hand den BH. Sie drehte sich auf den Bauch und gab sich seinen Küssen hin.

Als sie sich umdrehte, entdeckte er den Fleck. Evin schnellte zurück. Das Blut hämmerte in seinen Kopf. Er atmete hastig, riss die Hand aus dem Schritt und taumelte aus dem Gebüsch. Er griff an sein Schulterblatt und wollte es herunterreißen, es zerstören.

Das Pärchen war von dem Lärm erschrocken hochgeschnellt. Beide zogen sich hastig an. Er redete beruhigend auf sie ein. Der Schwarze schloss geräuschvoll den Reißverschluss und warf sein T-Shirt über, sie knöpfte die Bluse zu und zog den Rock zurecht. Dann nahm er sie bei der Hand und sie liefen in seine Richtung. Evin wurde panisch. Wohin? Schnell zog er die Kamera aus dem Rucksack und tat so, als fotografierte er. Der Schwarze hatte ihn entdeckt und sprach ihn an. Erschrocken von der sanften, tiefen Stimme fuhr er herum und sah ihr ins Gesicht. Er hörte gar nicht, was der Mann zu ihm sagte.

Mein Gott, wie schön du bist. Sie sah ihn an. Ohne Mitleid, ohne Triumph. Dieser Blick, dachte er. Sie sieht in mich hinein. Der Schwarze sah von einem zum anderen und verstummte. Er begriff. Evin wich ihrem Blick aus und blickte aufs Wasser. Die Erinnerungen waren wieder da. Der Abend beim Russen, wo sie Pelmeni gegessen und noch bis spät in die Nacht mit Ilja Wodka getrunken hatten. Das Lied, das er übermütig für sie gesungen hatte. Mitten in der Stadt, wo alle ihn hören konnten. You are so beautiful. Die Flasche Wein, die er nach den drei Jahren noch immer mit sich herumschleppte. Später, hatte sie damals gesagt, und ihn mit scheuen Küssen vertröstet. Später.

Der Schwarze nahm sie an die Hand. Sie entzog sich ihm nicht. Dann trat sie einen Schritt auf ihn zu und flüsterte: es ist vorbei, Evin. Es ist schon lange vorbei. Sie strich ihm am Arm hinab. Er nickte nur kurz. Das Paar ging schweigend in das Wäldchen. Evin blieb. Er blickte auf den See hinaus. Ein Nachtvogel begann zu zwitschern. Ansonsten war es sehr, sehr still.

Maria Stolz

Potsdam

am Morgen

Licht
erwachenden Tages,
ungeboren noch schlummernd
im Schoße der Düsternis –
lächelnd.

Menschen
unaufhaltsam strebend,
umfangen wie immer
von Traumgebilden sterbender Nacht –
erwartungsvoll.

Morgengrüße
verhalten gespendet,
dosierte, sparsame Freundlichkeit
in Straßen empfindsamer Kühle –
noch.

Nebelgrau,
undurchdringbar schwer,
zaghaft nur weichend,
geduldet von müden Augen –
herbstlich.

Sabine Blume

Willkommen im Clan

S partakeit sieht man dir, Buddha, vor dem Tore dieses Tempels, an.

P opkultur durchlebt in dieser Halle niemand mehr! Andres aber dafür sehr.

A bends in der Dunkelheit huscht das bunt gemischte Volk heran.

R ing der Eingeweihten. Clan der Enthusiasten. Kommet alle, alle her.

T ragen was im Lichte nirgendwann, sonst wohl niemand nirgends tragen kann!

A lte Übel? Längst dahin! Neue Träume rauschen sehr, und es gibt kein Halten mehr.

K ann hier jeder sich versuchen? Profi? Amateur? Clangefährten selig, irgendwann!

U nterhaltsam? Mühsam, solches Nachtgeträume. Kalt der Morgen. Die Arena leer.

S ehnsucht suchen? Grenzen tasten? Wilder Ort schenkt Neugier, zieht in Bann.

Klaus Andreas

Waldstadt II

Wie es oft im Leben vorkommt, man will einen Schlussstrich ziehen, meistens ist dabei die Liebe im Spiel. Nur weg von hier, sagt man sich. Nach Potsdam, das wäre gut … Gerade wurde ein neues Wohngebiet am Potsdamer Stadtrand fertig, die Waldstadt II, und soeben hatte auch das Automobilwerk Ludwigsfelde dort ein großes Kontingent Wohnungen erhalten. So gab es Wohnungssuchende, die Ludwigsfelde nicht verlassen wollten und an Tauschpartnern interessiert waren. 1979 wollte ich Ludwigsfelde verlassen und griff zu.

Noch war alles Bauland. Vorsorglich hatte man die vielen Bäume, wir waren ja in der Waldstadt, vor Beschädigungen durch Baumaschinen mit Brettern geschützt. Ich zog in die Robert-Neddermeyer-Straße, die rechtwinklig von der Heinrich-Mann-Allee wegführt. Zuerst kam man über die Schienen der Straßenbahntrasse, links erhob sich der Gebäudekomplex der Parteischule und rechts war zunächst noch Wald. Alle Straßen mit ihren Parkbuchten waren schon in Beton gegossen und im hinteren Teil meiner neuen Wohnmeile drehte

sich nun kein Kran mehr. Die beiden Blöcke rechts hatten einige Stufen bis zu den Eingängen. Zusätzlich zur Hausnummer gab es ein Keramik-Bild mit einem Tier aus dem Wald. Jeder Block bekam ein anderes Tier und bei jedem Aufgang wurde die Farbe gewechselt, sodass auch die Kindergartenkinder wussten, wo sie zu Hause waren. Der Blick vom Balkon ging auf einen Garagenkomplex hinaus, auf Kiefern und viel Grün. Hinter dem Küchenfenster zeigten sich nur hohe Bäume, Stileichen, Birken, auch hier Kiefern, und versperrten die Sicht auf den dahinter gebauten Block. Schräg gegenüber war die Kinderkombination schon fertig und weiter hinten sah man die Schule. Diese hatte im Herbst 1979 ihre Pforten geöffnet und erwartete sehnsüchtig ihre Schüler. Am 1. September waren es in der Klasse meines Sohnes gerade vier, aber von Tag zu Tag wurden es mehr und am Ende des Schuljahres hatte man schon zwei Klassen, deren Schüler in die 5. Klasse versetzt wurden. Der eine Teil des Doppelgebäudes war eine Polytechnische Oberschule, der andere Teil eine Berufsschule.
Wenn ich auch nach Potsdam gezogen war, so arbeitete ich noch ein Jahr im Autowerk, bis ich in der Nähe der Wohnung eine Arbeit aufnahm. Das war eine Erleichterung! So schön die neue Wohnung war, so wenig angenehm war am Anfang das Umfeld. Das Nötigste konnte man in einer Behelfsbaracke etwas abseits von unserer Straße einkaufen. Für alles andere musste man die

Heinrich-Mann-Allee überqueren, also die Läden der Waldstadt I aufsuchen. Ich kann mich noch an den Fleischer rechts hinter der Textilreinigung erinnern, wo man oft sehr lange anstehen musste, denn die Bewohner der Waldstadt II wurden immer mehr. Doch sehr schön war es, im Winter die verschneiten Ravensberge hinaufzusteigen und im Frühjahr dann zum Teufelssee und zum Moosfenn zu wandern. Wir waren alle hoffnungsvoll. Zügig wurden überall um die Häuser Bürgersteige angelegt, neben den Treppen zu den Aufgängen Grünzeug und Buschwerk gepflanzt und Spielplätze gebaut. Das Leben in der Waldstadt wurde immer besser. Im Wald, zur Hauptstraße zu, fanden die Kinder eine Elefanten- und eine Vogelplastik aus Stein mit Röhren zum Durchkriechen. Noch schöner war das ein Kubikmeter große Kunstwerk aus gebrannten Ziegeln mit Löchern und schiefen Ebenen, in dem man Wasser oder Murmeln durchrutschen lassen konnte. Bänke umgaben jetzt die Spielplätze und manch eine Parterrewohnung erhielt hinten einen Mietergarten. Am allermeisten freuten wir uns, als die große Kaufhalle eröffnet wurde, endlich alles in der Nähe!

Gleichzeitig entstanden, durch einen Weg verbunden, ein Friseursalon, die Apotheke, die Post und eine Sparkasse, ganz in der Nähe wurden ein Ärztehaus und eine Bibliothek errichtet. Ein nettes Areal mit zwei Kunststelen, Bänken und Kinderbühne rundeten das Ganze ab. Auch an die „Großen" wurde gedacht: der ONK und der HEK wurden gegründet, Jugendklubs nach Otto Nagel und Hans Eisler benannt. Die Jugend traf sich dort oder an der Tischtennisplatte. Ich wusste immer, wo ich meine Kinder erreichen konnte.

Angrenzende Straßen waren 1984 fertig. Stadteinwärts waren ein Altersheim, ein Sportplatz und eine Großgaststätte entstanden. Die Gaststätte „Zum Kahleberg", mit ihrer Kneipe, dem kleinen Restaurant und dem Saal, wurde gut von Vereinen und Betrieben genutzt und auch ich habe dort manches Bier getrunken und manche Feier mitgemacht. Rustikale Ausstattung mit echten, künstlerisch behauenen Baumstämmen, großzügige Fenster und gutes Essen zogen nicht nur die Waldstädter zu den vielen Veranstaltungen dorthin, beispielsweise Sonntag nachmittags zum Seniorentanz.

Ich lebte gern hier, insgesamt 14 Jahre, auch die Kinder hatten hier ihre Heimat gefunden, ihre Schule, ihre Freunde. Ich fand nur, die Straßenbahnfahrt ins Stadtzentrum mit Kino und Theater, Krankenhaus und Bahnhof, zog sich sehr in die Länge.

Dann kam die Wende und vieles änderte sich. Zuerst einige Straßennamen. Ich wohnte jetzt „Am Moosfenn". Aus der Parteischule wurde ein Kongresshotel und die Tage des „Zum Kahleberg" waren gezählt. Der wachsame Waldschrat, eine Plastik vor der Gaststätte, nützte nichts, das Haus wurde geschlossen.

Aber nicht gesichert. Wie erzählt wurde, kamen nachts Diebe und bauten die modernen Anlagen der Großküche fachgerecht aus und verschwanden damit. So nach und nach folgten ihr die übrige Einrichtung und alles, was noch zu verwerten war. Vandalismus vollendete das Werk, die zerschlagenen Fensterscheiben sorgten für ungehinderten Wetterzugang, dem Abriss stand also nicht mehr viel im Wege. Man war sprachlos, so wie man in dieser Zeit überhaupt sprachlos war. Die Kinderbühne samt Kunststelen wurde beseitigt, nur die Spielplastik fürs Murmelrollern wurde später saniert. Dem neuen Einkaufszentrum mit großem Parkplatz musste vieles weichen, was einem so vertraut war.

Ich wollte hier weg. Die Kinder waren jetzt erwachsen und hatten eigene Wohnungen. Meine war zu groß für mich allein und ich zog in ein anderes Wohngebiet am Stadtrand – zum Stern.

Auch hier war die Großgaststätte „Orion" geschlossen worden. Das wurmte mich nicht so, wie die Veränderungen in meiner geliebten Waldstadt II, deren Aufbau ich miterlebte und von deren Zukunft ich nun nichts mehr wissen wollte.

Brigitta Schmidt

Kennst du den Ort?

Häuser klein
wie Puppenstuben drinnen
zu hören ist der Atem

Ein Webstuhl sichtbar
ein Spinner unverdrossen
kennt seine Pflicht

Herr
aus Gnaden
du willst berufen sein
doch verlangst du zu dienen
dir

Der Ort vertraut mir ist
weil unsterblich jeder Tag
Lindenblütenduft

Keine Zitronen
Eckern an den Buchen reifen
nicht süß, nicht sauer

Medien statt Spinner
der Webstuhl im Museum steht
ich will ihn sehen

Der Park, ein Garten
nicht eben, gering die Höhe
scheu nicht den Aufstieg

Der Ort, der versteckt
beschrieben, ist mir so nah
versteh doch endlich!

Antje Sommerfeld

Später immer später

Die rotblättrige Allee aus japanischen Kirschbäumen vor der kleinen Moschee inmitten von Hochhäusern, die die Neustädter Havelbucht ein Stück weit säumt, spendete mit ihrem Blätterdach ein wenig Schatten in der unverschämten Augusthitze und schenkte damit etwas Kühlung. Nur wenige Menschen waren bei diesen Temperaturen in der Stadt unterwegs. Dustin, ein verspieltes Kind von neun Jahren, hüpfte mit seinem rechten Bein auf länglichen Steinen, die einen Fußweg unter den Bäumen begrenzten. Unter seiner Baseballkappe sprühten des Jungen dunkelbraune Augen Lebensfreude in die Welt und saugten gleichzeitig alles, was sie sahen, neugierig auf. Das Käppi hatte er mit dem verstellbaren Verschluss schräg nach vorn aufgesetzt. Die blonden Haare, die sich auf der linken Seite über dem Verschluss aus der Mütze drängten, und die hellen Augenbrauen bildeten einen ungewöhnlichen Kontrast zu seinen dunklen Augen. „Mama, was ist das für ein komisches Haus da vorn?"„Keine Ahnung, wir wohnen doch erst ein paar Wochen hier in Potsdam. Ich finde mich hier auch noch nicht so gut zurecht. Aber von Weitem sieht es aus wie eine Moschee", wunderte sie sich. Nun, ebenfalls neugierig geworden, folgte Constanze ihrem Sohn mit schnellen Schritten. „Dass es in Potsdam ein islamisches Gotteshaus gibt? Tja, Dustin, das hätte ich nicht gedacht, aber du hast Recht, es ist tatsächlich eine Moschee", stellte sie bei näherer Betrachtung fest. „Wohnen da Terroristen drin? Ich habe mal im Fernsehen so ein Haus gesehen, da waren Terroristen drin, und auch Kinder." „Bitte Dustin, erzähle nicht solchen Blödsinn, Kinder sind keine Terroristen, und eine Moschee ist ..., also wie soll ich dir das erklären? Dort beten Menschen zu ihrem Gott, so wie wir zu unserem. Und wer betet, ist nicht böse, verstehst du?" Der Mutter fiel die Erklärung sichtlich schwer. „Setze deine Mütze richtig auf und schiebe das Schild nicht immer nach hinten, so auf halb sieben. Man sieht sonst deine zu großen Ohren", lenkte die Mutter von dem heiklen Thema ab. Ein älterer Herr, der sich auf einer Bank ausgeruht hatte, hatte das Gespräch gehört und wollte Mutter und Sohn aufklären. Der Mann erhob sich mühsam, zeigte mit seinem Stock auf das Bauwerk und erklärte ihnen, als sei er ihr Fremdenführer: „Diese Moschee hat sich unser Romantiker auf dem Thron, der Vierte Wilhelm, ausgedacht, aber es ist ein Pumpenhaus, für die größte Fontäne von Sanssouci. Die damals einmalige Dampfmaschine für die riesigen Wasserpumpen hat Borsig, der Tüftler, entworfen und natürlich gebaut, da war er, der August, noch ein junger Spund. Und der hohe spitze Turm? ... Der sieht nur aus wie ein Minarett, ist aber in Wirklichkeit ein Schornstein.

Genialer Baumeister, der Persius", schwärmte der Fremde, „oder was denken Sie, junge Frau?" Sein stolzes Grinsen legte steile gelbe Zähne frei. Dustin schaute den Mann verängstigt an. Zerrte heftig am Rock seiner Mutter und flüsterte ihr aufgeregt ins Ohr: „Komm, Mama, ich verstehe überhaupt nichts! Sein wilder Bart und die unheimlichen Zähne machen mir Angst. Was hat er dir überhaupt erzählt, Mama?" Ohne eine Antwort abzuwarten, lief der Junge davon. Constanze konnte sich nicht einmal bedanken, sie eilte dem Jungen hinterher. Es war ihr peinlich. Wenig später flatterten die blau-weiß gestreiften Ärmel von Dustins T-Shirt um seine weit ausgebreiteten Kinderarme. Obwohl eigentlich zwei Nummern zu groß, Constanze hatte es mitnehmen müssen. Sie konnte nicht widerstehen. Blau, wusste sie, ist seine Lieblingsfarbe. Die bis zur Hälfte gestreiften Ärmel endeten unter den Ellenbogen im gleichen Blau, wie das T-Shirt. Um den Hals weiße Streifen sowie Streifen an den Armen. Dustin gefiel an dem Shirt allerdings ganz besonders das grüne Emblem auf der Brust; wegen der coolen Buchstaben, hatte er seiner Mutter beim Kaufen erklärt. „Ich fliege Mama, ich fliege zur Moschee, bis hinauf auf den Schornstein, dann sehe ich die ganze Stadt." „Ja, ja, ich sehe alles, aber ich sehe auch, dass du gleich von der Mauer herunterfällst, wenn du nicht aufpasst." Sie kannte solche Flugübungen schon. Daher machte ihr die Vorführung auf der schmalen Kante, über die das Kind balancierte, Angst. „Dieser Bengel kann einfach nicht wie andere Kinder an der Hand gehen", stöhnte sie leise, nur zu sich selbst, denn rufen hätte keinen Sinn. Im selben Moment war das Unglück schon geschehen. Constanze rannte mit einem Aufschrei zu ihrem Kind. „Dustin? Dustin, mein Liebling! Hast du dich verletzt?" „Ein Apfel. Ich habe einen Apfel gefunden. Aber hier unter den Kirschbäumen? Vielleicht ist es eine japanische Kirsche? Egal, für mich ist das eine Riesenkirsche, eine verzauberte natürlich! Okay Mama?" Dustin betrachtete neugierig das Fundstück, nahm es in seine Kinderhände und bestaunte die knallrote Frucht. Dabei zog er die Lippen zu einem spitzen Mund zusammen. Dustin dachte angestrengt nach. „So ein Quatsch, eine Riesenkirsche! Du wirst doch wohl in deinem Alter Äpfel und Kirschen unterscheiden können. Oder? Was soll ich sonst von dir denken?", fauchte sie unwillig, „du bist und bleibst ein Spinnefix." „Aber Mama, schau doch ganz genau hin, hier bewegt sich etwas. Siehst du, da wo früher die Blüte war. Du hast mir immer erklärt, dass das die Stelle ist, wo im Frühling die Bienen zur Bestäubung hinkommen. Jetzt! Hast du es diesmal gesehen? Es bewegt sich schon wieder", rief der Junge voller Aufregung. „Es ist eine Zauberkirsche!" „Ist gut Dustin, wer weiß, wie der Apfel hierher gekommen ist? Vielleicht hat ihn jemand weggeworfen, weil, sieh doch, ein Wurm darauf krabbelt. Diese dicke Made hat derjenige, der den Apfel hier hingeworfen hat, gesehen und sich geekelt. Es ist also, wie du siehst, keine japanische Riesenkirsche, und schon gar keine verzauberte. Nun wirf ihn weg, du kannst nicht alles aufheben, was andere fortwerfen." „Mama du bist schön dumm, das ist kein Wurm und vor allem keine Made sondern eine Raupe. Übrigens, wenn Papa am Fahrrad herumbastelt, dann sagt er oft, er muss Maden herausdrehen. Maden gibt es am Fahrrad, nicht im Apfel. Aber sieh doch, wie süß die Raupe ist. Die braunen und weißen Streifen, süß. Jetzt kommt sie herausgekrabbelt", jubelte Dustin. „Sehr dumm von ihr, denn wenn jetzt ein Vogel die Raupe sieht, ist sie für ihn ein fetter Happen." „Wie gemein. Du hast nie gesagt, dass Vögel so schöne Raupen fressen. Du hast immer behauptet, Singvögel sind nützlich. Wir nehmen die Raupe und den Apfel mit, dann können deine doofen Meisen meine verzauberte Raupe nicht fressen." „Lass den Blödsinn, Dustin, ich glaube, dies ist eine Raupe vom Apfelwickler." „Aha, das ist ja spannend, das will ich unbedingt sehen, Mama, wenn eine kleine Raupe einen Apfel einwickelt. Wir müssen sie also unbedingt mitnehmen, wie du siehst." Jetzt musste die Mutter herzlich lachen, denn dass Maden im Fahrrad leben und Raupen das Einwickeln der Äpfel übernehmen können, war ihr bis dahin unbekannt. „Du musst wissen, dass der Apfelwickler ein Schädling ist", erklärte sie mit ernster Miene. „Der Apfelwickler ist ein Falter, der seine Eier auf den Äpfeln ablegt, daraus werden kleine Würmer, die in den Apfel kriechen und uns dann die Äpfel wegfressen. Darum ist es nützlich, wenn Meisen und andere Singvögel schädliche Würmer, Raupen oder Falter fressen. Verstanden mein kleiner Entdecker?" „Nein, wenn es keine Raupen oder solche anderen Schädlinge, wie du sagst, geben würde, dann hätten die Vögel nichts zu essen und müssten verhungern? Das verstehe ich wirklich nicht, Mama." „Oh, da kommt unsere Straßenbahn, wir müssen uns beeilen. Die Geschichte mit den Schädlingen und mit den Vögeln erkläre ich dir zu Hause. Von der Moschee muss dir Papa erzählen." „Immer später, später, und dann habe ich es vergessen", schmollte Dustin.

Klaus Andreas

Eine Narzisse (betriebswirtschaftlich)

1,99 EUR kostet bei Kaiser's in der Brandenburger Straße zu Potsdam ein Topf Narzissen.

Betrachten wir den Entstehungsweg dieser Narzisse.

Sie wuchs innerhalb von fünf Wochen im holländischen Groningen in einem Gewächshaus der Gartenbaufirma van Straten auf. Gärtner van Straten züchtet Narzissen für den europäischen Blumenmarkt. Seine Wareneinsatzkosten belaufen sich auf 20 Cent pro Narzissenzwiebel. Er verkauft sie an den Großmarkt in Amsterdam. Es fallen Transport- und Lagerkosten von 50 Cent an.

In der täglich stattfindenden Blumenauktion ersteht Blumengroßhändler Onken aus Oldenburg in Oldenburg die Narzisse für 1 EUR pro Blumentopf mit je drei Zwiebeln.

Noch in der Nacht erreichen die Narzissen das Großlager von Kaiser's in Marquardt bei Potsdam. Das Kaiser'sche Großmarktlager wird subventioniert durch Aufbaumittel Ost zur Schaffung neuer Arbeitsplätze. Dadurch reduziert sich der Preis des Narzissenblumentopfes um 1 EUR pro Stück.
Am frühen Morgen transportiert der Lieferant Schnarrenberger – ein Outsourcing-Unternehmen – im Auftrag von Kaiser's die Narzissen nach Potsdam; Standort Brandenburger Straße.

Hier fallen erhebliche Miet- und Personalkosten für die Firma Kaiser's an, sodass der Topf Narzissen schließlich für 1,99 EUR in der Hand des Kunden landet. Der kalkuliert scharf und denkt 99 Cent hätten es auch getan und kauft den Topf mit Narzissen nicht.

Frage: Welche Kalkulation lag dem Lebensweg der Narzisse zugrunde?

Hilke Brinker

Heimat

Steinplatten der unsanierten Straße
Bäume im Park von Sanssouci
Himmel meiner Stadt am Sommerabend
der braune Krug mit *DDR* im Boden
Pilze mit Petersilie
Suppenrezept der Mutter
und Großmutters alter Eierbecher

Heimat
im Sprechen meiner Brüder
in ihren Witzen und Ausreden
schwarz-weiße Kinderfotos
Bücher von Christa Wolf
und mein Kopfkissen

Beate Fischer

Korrespondenzen

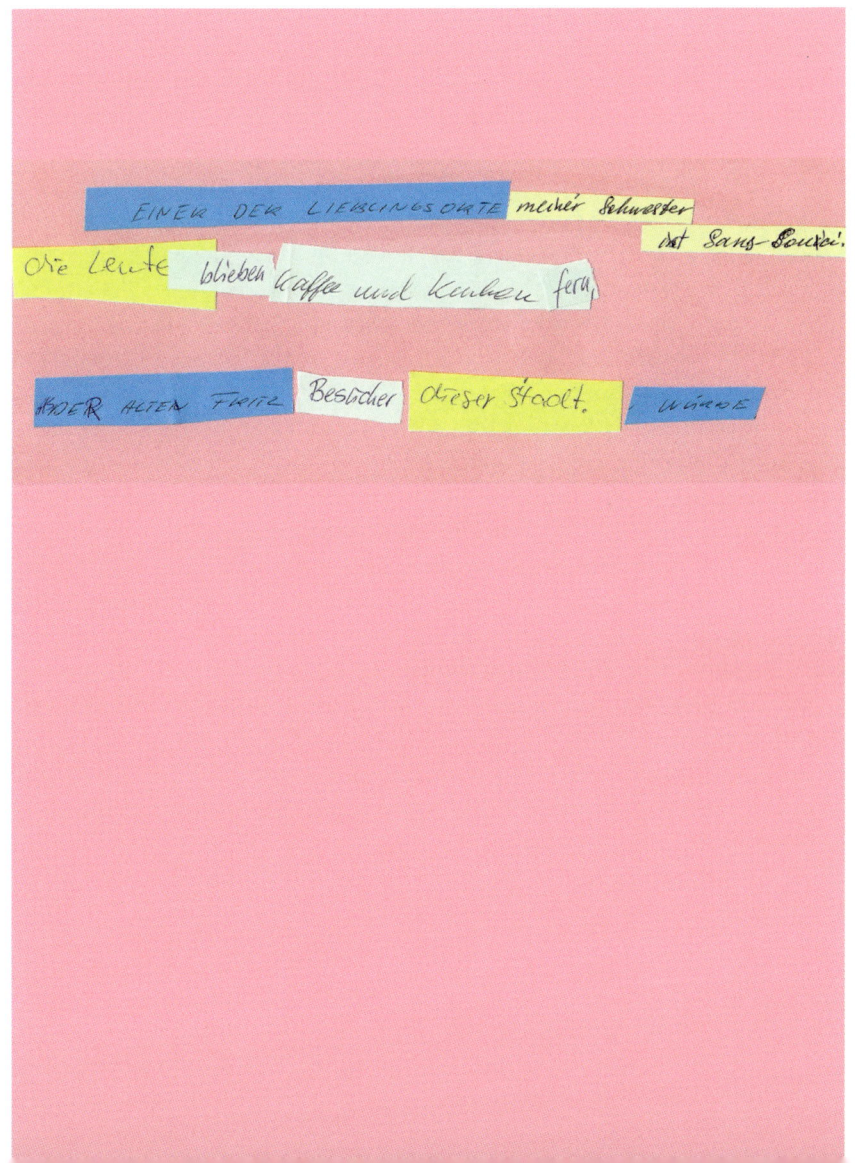

Rettende Post

Die Bilder sind eingeklebt und mit Über- und Unterschriften versehen. Was nun? Wen rufe ich jetzt an? Zwei Tage mit niemandem zu reden, ist zu lange. Freundin Susanne hat mir einen langen E-Mail-Brief geschrieben und mir auch gleich gesteckt, was ich so antworten könnte. Wäre eine Idee. Heute wird in Potsdam ein Fest gefeiert – Schlössernacht – die Eintrittskarten für 32 Tausend Besucher waren schon nach zehn Minuten ausverkauft. Ich hätte deshalb sowieso nicht hineingekonnt und auch: mit wem? Ich sollte mir wenigstens das Feuerwerk, vom zehnten Stock aus, ansehen. Es klingelt. Der Postbote überreicht mir ein kleines Bücherpaket von „Jokers". Schon liegen die vier Teile vor mir und ich nehme neugierig jedes zur Hand. Die DVD mit dem entzückenden Film „Balzac und die kleine chinesische Schneiderin". Jener Film hatte mich kürzlich im Fernsehen begeistert. Und hier: „Mein Amerika, dein Amerika". Der Nachrichtensprecher Tom Buhrow und seine Frau schreiben auch Skurriles mitten aus dem amerikanischen Alltag – oh, sogar mit Bildern aus Washington, wo ich 2006 war. Dann das Buch „Wie man einen Badeanzug kauft", Stil- und Modetipps für erwachsene Frauen. Und zuletzt: „Eckart von Hirschhausen – ‚Die Leber wächst mit ihren Aufgaben'". Zuerst den Badeanzug: Kleiderschrank ausmisten! Der Spiegel, der mir ironischerweise vorgehalten wird, bringt mich zum Lachen. Erst mal weglegen, in Ruhe beim nächsten Tief eingehender studieren, denke ich und greife zum Hirschhausen. Was mich da erwartet, hätte ich nicht vermutet. Meine Nachbarn müssen denken, ich habe eine spaßige Gesellschaft zu Gast. Ich kann mich vom Losprusten und lauten Lachen kaum erholen. Hier ein kleiner Abschnitt daraus: „Wir duschen, rasieren, schrubben und föhnen, und am Ende kommen noch Deo und Parfüm oben drüber. Was ist eigentlich Parfüm? Pheromone! Von Tieren. Moschus ist das Analsekret des Moschusochsen. Ich denke mir das nicht aus und fasse kurz zusammen: Wir Menschen schämen uns, unter dem Arm zu riechen wie ein Mensch, und halten uns ernsthaft für attraktiver, wenn wir dort riechen wie ein Ochse am Arsch."

Ich wüsste zu gerne, was Ochsen so über uns denken. Ich bin bereits auf Seite 65 – die Schlössernacht ist mir egal und anrufen werde ich heute auch niemanden.

Brigitta Schmidt

Brief an eine nette ältere Dame, Bekanntschaft einer Schiffsreise in die Karibik

Sehr geehrte Madame Beques, es freut mich noch im Nachhinein außerordentlich, Sie kennengelernt zu haben, und wenn ich mir gestatte, Sie heute auf schriftlichem Wege zu kontaktieren, hat das einen besonderen Grund, nämlich den einer Einladung. Ja, Sie lesen richtig. Es wäre mir ein Bedürfnis, Ihnen unser ruhiges Marquardt, Ortsteil der Landeshauptstadt Potsdam, in all seinen bescheidenen, dennoch stolzen Schönheiten nahebringen zu dürfen. Bescheiden deshalb, weil wir mit derartigen Prachtbauten, die Sie aus Paris gewohnt sein dürften, nicht aufwarten können, aber wie Sie mir bei einem der abendlichen Dinners anvertrauten, lieben Sie lange Spaziergänge außerhalb des Straßenlärms und der Unruhen, die das Großstadtleben nun einmal so mit sich bringt. Was das betrifft, gehe ich jede Wette ein, dass Marquardt diesen, Ihren Ansprüchen genügen dürfte. Wir haben einen wundervoll – und wenn ich dieses Adjektiv benutze, dann mit voller Berechtigung – gepflegten Park, in dem es sich geradezu anbietet, die Seele baumeln zu lassen und sich der vorzüglichen Ruhe und Beschaulichkeit hinzugeben. Kennen Sie den Ausspruch eines unserer größten deutschen Dichter „Es lächelt der See, er ladet zum Bade"? Man könnte meinen, Goethe habe Marquardt gekannt. Der Schlänitzsee lächelt tatsächlich, wenn man das Spiel seiner Wellen richtig zu deuten weiß, und genügt in seiner herrlichen Pracht auch den Bedürfnissen, Badefreuden zu frönen oder auf der sauberen Liegewiese Erwachsenen und Kindern bei Spiel und Spaß im nassen Element zuzusehen. Und das Schöne daran ist: Man braucht dazu den Park nicht einmal zu verlassen. Man könnte stundenlang ausharren, bis man sich entschlossen hat, seinen Weg fortzusetzen. Vielleicht zum Schloss? Es ist gar nicht weit dorthin, nur ein paar Schritte, und ich garantiere Ihnen, Sie werden begeistert sein. Es ist nicht prunkvoll, gar nicht, aber von geheimnisvollem Liebreiz. Wenn wir Glück haben, treffen wir dort sogar auf eine Hochzeitsgesellschaft. Heiratswillige mögen dieses alte, solide gebaute Gemäuer. Auch wir werden gewiss einige Zeit der Muße finden, um das Schloss von allen Seiten in Augenschein zu nehmen, getreu eines Zitats aus dem „Faust": „Verweile doch, du bist so schön". Entschlössen wir uns allerdings, den entgegengesetzten Weg zu nehmen, gelangten wir auf den Königsweg. Malerisch, sage ich Ihnen, fantastisch. Selbst Friedrich der Große schien diesen Weg gemocht zu haben. Wir kämen in dem Fall an der Schiffsanlegestelle der „Weißen Flotte" vorbei und nach einer Weile an niedlichen Häusern, Finnhütten nicht unähnlich, bevor wir aus völlig anderer Richtung wieder im Ort einträfen. Nun, werte Madame Beques, habe ich Ihnen den Mund schon etwas wässrig gemacht? Das würde mich freuen. Was wir hier sonst zu bieten haben, ist schnell erzählt. Gepflegte Eigenheime, Neubauten, alles in idyllischer Eintracht, natürlich eine Kirche, eine Freiwillige Feuerwehr, eine Verkaufsstelle, eine Kulturscheune, wovon für Veranstaltungen besonderer Art gern Gebrauch gemacht wird, eine Gaststätte sowie eine Stelle, in der viel mit Kräutern und Naturprodukten gearbeitet wird, den „Lavendelhof", wo das Brot noch im richtigen Steinofen gebacken wird. Und selbstverständlich haben wir im Ort auch Vereine, die von sich reden machen, wie beispielsweise den Anglerverein, den Handarbeitszirkel, na, Sie werden sich selbst von den Aktivitäten hier bei uns überzeugen können. Worauf warten Sie also noch, Madame Beques, zögern Sie nicht länger. Schauen Sie sich unser liebenswertes Marquardt mit eigenen Augen an.

In der Hoffnung, Sie bald bei uns begrüßen zu dürfen, verbleibe ich mit den besten Grüßen Ihre

Sabine Blume

/ 40

Am alten Platz

Am alten Platz
ein altes Schloss
wie doch der Geist sich wendet
einst abgerissen
wird heute wieder erstehen
nicht der Monarch soll hier regieren
der Landtag Einzug hält
Gefällt's? Was diese Frage!
wer denkt einmal daran

      Potsdam

von Autolärm und vollgestopften Straßen zu befreien?
Wer? Wer kann das sein?
Ein Geist, kein Spuk?
In unseren Köpfen muss erwachen
soll es nicht eines Tages gründlich krachen,
Mensch, wende ab, was für die Zukunft
nicht glaubhaft glücklich macht!

Antje Sommerfeld

Die kleinen grauen Djinne

Vor langer, langer Zeit, weit im Osten lebte einmal eine junge Prinzessin. Sie war überaus schön, aber so stolz, hochnäsig und ungerecht, dass sie im ganzen königlichen Haushalt keiner leiden konnte. Nur einer liebte sie sehr: Murat, ein Jäger des Königs. Er bewunderte sie von Weitem und verstand nicht, was die Leute an diesem Engel auszusetzen hätten. Bald sollte die Zeit kommen, da die Prinzessin einen Gemahl auswählen musste. Der Jäger wurde immer trauriger, er wusste sehr wohl, dass er neben den Königssöhnen, die um ihre Hand anhalten würden, keine Chance hätte. Verzweifelt streifte er ganze Tage durch den Wald und die Berge um die Königsstadt.

Eines Tages sah er von einem Gipfel ein seltsames Etwas, silbern glänzend in der Sonne, wie ein übergroßer Kürbis oder ein Gefäß, ein fliegendes Etwas, das sich torkelnd im Tal zwischen den Bäumen bewegte. Sehr verwundert war Murat nicht. Er war mit den Geschichten über Drachen, Djinne, die Flaschengeister und den fliegenden Teppich aufgewachsen. Neugierig wie er war, rannte der Jäger den Hang hinunter. Als er unten im Tal war, gab es einen lauten Knall, eine Rauchsäule stieg hoch. Das fliegende Kürbisgefäß lag auf der Seite, unten klaffte wie ein schwarzes Auge eine Öffnung. Obwohl der Jäger ein mutiger junger Mann war, bekam er jetzt doch Angst und wollte sich davonschleichen. Da hörte er aus dem silbernen Gefäß ein Stöhnen. Er steckte vorsichtig den Kopf in die schwarze Öffnung, sah drei bewegungslose Gestalten zwischen den Rauchschwaden. Und handelte.

Im Licht des schwindenden Tages sah Murat sich die kleinen Wesen an. Das müssen die Djinne sein, obwohl ich immer dachte, die wären riesig, schoss es ihm durch den Kopf. Andererseits, wenn sie in eine Flasche oder in ein Gefäß passen sollen, müssen sie klein sein. Die Djinne hatten graue Haut, große schräge schwarze Augen und grünes Blut. Mit Verletzungen kannte sich der Jäger aus und pflegte die drei Djinne gesund. Seine Bedenken, womit er die Flaschengeister füttern sollte, verschwanden auch schnell: sie aßen gerne das Wild, das er erbeutet, und den Fisch, den er für sie gefangen hatte.

Als es den dreien besser ging, gaben sie ihm ein Amulett, damit er mit ihnen sprechen konnte, denn ihre Djinn-Sprache verstand Murat nicht. Und sie bestanden darauf, seinen geheimsten Wunsch zu erfahren und ihm diesen Wunsch zu erfüllen. Nach einigem Hin und Her erfuhren die kleinen grauen

Djinne von seiner großen Liebe zu der hochnäsigen Prinzessin, versprachen ihm Hilfe und rieten Murat, um die Hand der Prinzessin anzuhalten.

Sein Engel, das stolze Mädchen, lachte laut und gehässig, als der Jäger vor ihr stand und sie bat, seine Frau zu werden. „Du willst mich heiraten?" Sie schüttelte sich vor Lachen. „Vielleicht, bin ich einverstanden. Wenn du mir einen Wunsch erfüllst! Mein Volk soll mir dankbar sein und mich auf den Händen tragen!"

Traurig ging Murat zurück in das Tal und erzählte den Djinnen von der Aufgabe. „Wie soll ich das denn schaffen, dass die Leute sie auf den Händen tragen, wenn sie niemand außer mir leiden kann?" Die Flaschengeister beruhigten den Jäger und fragten ihn nach den letzten Neuigkeiten am Königshof. Wie der Zufall so wollte, tobte in der Nachbarstadt des Königreiches die Pest. Die Leute in der Königsstadt hatten Angst und redeten alle davon, dass die schreckliche Krankheit auch zu ihnen kommen könnte. „Ich hab's", sagte einer der Djinne, „die Antibiotika!"

Trotz des Amuletts verstand Murat das Wort nicht, die Djinne erklärten ihm aber, was er zu tun hätte und schickten ihn mit ihrem Zaubermittel in die verpestete Stadt. Der junge Mann erklärte den Kranken, die Zaubermedizin komme von der Prinzessin. Die Leute waren sehr dankbar. Nachdem alle Menschen in der Stadt gesund geworden waren, schickten sie eine Delegation zur Prinzessin und bedankten sich für den von ihr geschickten Retter. Als die Leute im Königspalast davon hörten, jubelten sie vor Freude darüber, von der Pest verschont geblieben zu sein, und trugen ihre Prinzessin auf den Händen durch die ganze Stadt.

Doch sie war noch nicht zufrieden. Als Murat vor ihr stand, meinte sie: „Vielleicht, heirate ich dich, wenn mein Volk mir nicht nur dankbar ist, sondern mich auch achtet und aus ganzem Herzen liebt."

Die kleinen grauen Djinne erfuhren von der neuen Aufgabe und fragten Murat nach den letzten Neuigkeiten im Königreich. Wie der Zufall so wollte, gab es in diesem Jahr eine schlechte Ernte und den Untertanen drohte im Winter die Hungersnot. „Ich hab's", sagte der Zweite der Djinne, „die Kopiermaschine!"

Wieder verstand Murat das Zauberwort nicht, aber die Djinne erklärten ihm, was er zu tun hatte. Mit der Wundervorrichtung der Djinne zog er durchs Land, und alles Essbare, was Murat in die Kopiermaschine tat, kam in doppelter Menge heraus. Tat er einen Fisch hinein, kamen zwei heraus, tat er einen Sack Korn hinein, kamen zwei Säcke heraus. So wurde das Volk satt und zufrieden. Jedem, der es hören wollte, erklärte der junge Mann, dass die Hilfe von der Prinzessin käme. Die Achtung und Liebe der Untertanen wuchs und wuchs.

Doch die Prinzessin war immer noch nicht zufrieden: „Vielleicht, heirate ich dich, wenn mein Volk mich als die schönste Frau auf der ganzen Welt verehrt!" „Du bist für mich die Schönste in der Welt", wollte Murat sagen, hatte aber Angst, sie würde wieder so laut und gehässig lachen.

Die Djinne sahen einander an und schüttelten die grauen Köpfe, als Murat ihnen von der dritten Aufgabe erzählte. „Ich hab's", sagte der dritte Djinn, „ein Hologramm!"

Trotz des Amuletts verstand Murat auch diesmal das Wort nicht, die Djinne aber gaben ihm eine schwere goldene Kette. „Sage der Prinzessin, die Kette macht sie zur schönsten Frau auf der ganzen Welt. Wenn sie sich entschließt, die Kette um den Hals zu hängen, kann sie unser Geschenk nicht mehr abnehmen. Und sage ihr von uns noch etwas: Nur derjenige ist wirklich schön, der auch ein schönes Herz hat!"

Murat brachte die Kette zur Prinzessin und gab auch die Worte der Djinne weiter. Ohne lange nachzudenken, hängte sich die Prinzessin die Kette um den Hals und lachte laut und zufrieden. „Nun habe ich alles, was ich mir wünsche. Dich brauche ich nicht mehr, Jäger". Und sie befahl, Murat für immer in den Kerker zu werfen.

Am nächsten Tag ging sie mit ihrer wunderschönen neuen Kette in der Stadt spazieren. Voller Vorfreude erwartete das Mädchen von allen Seiten begeisterte Rufe und Komplimente: sie sei die Allerschönste unter den Frauen. Doch die Leute in der Königsstadt lachten, zeigten mit den Fingern auf sie und gaben Buhrufe von sich. Die Prinzessin eilte in den Palast zurück und rannte zum nächsten Bronzespiegel. Da war ihr Gesicht im Spiegel, und doch nicht ihres: die Züge entstellt, verzogen, übersät mit schwarzen Warzen. Da erinnerte sie sich an die Worte des Jägers. Sie versuchte die Kette abzunehmen, aber sie ließ sich nicht abnehmen. Kein Schmied konnte sie durchsägen.

Wohl oder übel war sie gezwungen, Hilfe beim Jäger zu suchen. Er konnte ihr nur wieder und wieder die Worte der Djinne wiederholen: „Nur derjenige ist wirklich schön, der auch ein schönes Herz hat!" Der Prinzessin, wollte sie die schönste Frau auf der ganzen Welt sein, blieb nichts anderes übrig, als ihr Wort zu halten und den jungen Mann zu heiraten. Und wenn sie ein Rückfall an Bosheit und Gehässigkeit ereilte, belehrte die Kette sie schnell eines Besseren. Und so wurde sie nach und nach zu einer guten, weisen und gerechten Königin.

Ludmilla Scholz

Computer oder Kuli

Der Computer schrie vor Schmerz und stöhnte laut. Dann brüllte er voller Wut: „Kannst du deine Spitze nicht einziehen?" „Rege dich nicht so künstlich auf, du Wichtigtuer. Als von dir noch keine Rede war und von deiner sogenannten Unentbehrlichkeit noch niemand gestresst wurde, da hat unser Besitzerchen mit mir schon Gedichte geschrieben. Gedichte aus dem Havelland, und nicht solchen Firlefanz wie mit dir. Wenn er nun mich beim ersten Klingelton genervt fallen lässt, und sich dabei meine Spitze in deine Tasten bohrt, Pech für dich." „Du bist so gemein zu mir. Nur weil unser Mensch mit dir nichts Ordentliches mehr zu Papier bringt. Deshalb machst du dich auch besonders schwer und bohrst giftig deine Spitze in meine Tastatur. Aber was dich am meisten ärgert, weiß ich schon lange, du bist auf meine exakte Schrift neidisch. Und dass in meinem Inneren alles gespeichert wird, macht dich krank vor Neid." „Lieber achtzehn Jahre Kugelschreiber, als technisch perfekt. Perfekt jedoch nur solange, bis Herrchen die nächste PC-Generation kauft. Lieber ein simpler Kugelschreiber, als ein Supercomputer mit hunderttausend Einzelteilen, dessen Leben zum Schluss doch an einem winzigen Halbleiter hängt." „Schweig endlich still, jetzt kommt Besitzerchen. Wir werden ja sehen, wem seine erste Aufmerksamkeit gilt. Aber ich weiß sicher, dass er ohne mich nicht mehr leben kann." „Einbildung, alles Einbildung, mich wird er immer brauchen", antwortete der Kugelschreiber. Im selben Moment griff der Mann ...

Klaus Andreas

För miene Ur-Großöllern

Düt is miene eerste Geschicht.
Veel schräben un läst is nich bie us.
Dat wät jie good, so good as ick.

Du büs mien Ur-Großmoor Doris un häs am enne veel Humor.
Du büs mien Ur-Großvoor Wilhelm un häs so veel Ruuhe.

Drüm bitt ick jo, staat mie bie.
Ick bün in eene Umgevung, de is nie.
Frach mie, bün ick noch bie mie?
Dat is nich gewiß, doch ick weet, jie sünd bie mie.

Ur-Großvoor, du büs de läste Scheper in de Femile.
What häb ick lernt von die?

Dat noch keen Shaap sein Leven dör blööken rät hät.
Drüm stah mie bie.

Hilke Brinker

grenzland

du kannst es sehen. es ist bunt und duftet. kannst es hören. melodien malen dir bilder. wirklicher als regentropfen auf rissiger haut. du bleibst stehen. im visier die grüne brücke, über die du nie gehen wirst. du bist keine agentin, deinem schweigen zum trotz. niemand löst dich aus. zahlt für dich. weder hier noch auf der anderen seite. die schwäne am ufer kümmert es nicht. zur not werden sie fliegen. voraus auf dem berg die ampel blinkt dir den sehnsuchtscode. grenzland. jede verheißung vertraust du ihm an. doch betreten wirst du es nicht ohne verrat.

dein spiegelbild in schwarz-weißem nebel. wer bist du? hinter der maske gehst du spazieren in wäldern. was du findest, nennst du beim namen. grenzland. sie vergaßen stufen zu bauen für dein puppenhaus. mit aufzügen fährst du in falsche etagen seither. dein oben wird unten und auf der hälfte nimmst du die bahn. einem vierten horizont entgegen. am kopfbahnhof steigst du aus. sie müssen rangieren. du gehst in die fremde stadt. hier bist du geboren. hinter fassaden schimmern paläste. in fenstern erkennst du wiegende tänzer. phantome halbieren die luft und feiern heimlich ein fest. ihre einladung hast du ausgeschlagen, aber du sagst es noch nicht. die freiheit nimmst du dir. lässt es zu, dass sie dich *glücklich* nennen und willst sie nicht kränken. beinah glaubst du ihnen, doch wächst dein verdacht. dann machst du tabula rasa und verlässt den gedeckten tisch. künftig wirst du alleine essen. kartoffeln mit schale und kümmel. dein gegenüber wischt sich den mund, immerhin.

grenzland. du suchst einen garten und wartest am fluss. womöglich treibt er vorüber oder du nimmst eine düne in obhut. irgend festland im rücken. dann steht einer vor dir, barfuß, greift deine hand. er ist schön, ein versprechen. du glaubst, ihn zu kennen. ihr geht durch die dunkelheit. steigt einen turm hinauf, glasperlen im schein der schwarzen sonne zu sehen. stufen brechen ein unter euch und ihr lacht. ihr braucht kein zurück. doch schweift er ab, fragt dich nach feuer für seinen weg. du machst ihm licht, damit er nicht stolpert. schaust ihm hinterher und fürchtest dich nicht. du bleibst.

grenzland. wach auf. vorbei dein heute. mit kusshand drehst du kalenderblätter und schlägst dir verstohlen den sand aus den augen. millionen breiten die flügel aus. eine kamera öffnet den weg über die brücke. du gehst, deine einfalt im handgepäck. auf der anderen seite empfängt dich fallendes laub. niemand hätte gedacht. du machst alberne sprünge. die gefahr scheint gebannt und du ahnst, es ist wahr.

beate fischer

Fantasie und Wahrheit

Neu zu entdecken ist eine Herausforderung.

Potsdam

und das

, das Schloß

mit der kompletten Fami., so viele schöne Moment-

pünktlich zum 1. Mal kam. mit meiner lieben

der kleinen Tochter.

war einmal

versteckt unter der Hängebuche.

die Grenze

Einigkeit Rat Recht A.

Das auch! Eintrittsgeld

Gedanken

Leicht – wie ein Schmetterling,
sorgenfreies Kinderspiel,
sonniges Dahingleiten
in unbeschwerte Welten.
Ich bin vogelfrei.

Düster – wie ein Leichentuch,
träge,
wie unfähig,
sinnlose Wut zu erfassen.
Ich bin müde.

Angestrengt – wie im Bemühen,
Unbegreifliches urbar zu bereiten
für alle,
die noch zweifelnd zögern.
Ich bin zuversichtlich.

Zukunftssorgend –
wie launisches Denken in
ungewisse Fernen,
nebulös wie Morgenschleier.
Ich bin ratlos.

Sabine Blume

Die Schale

Das ist niemals passiert, obwohl es sein könnte, aber wenn das wirklich passiert wäre, dann …

Hinter den sieben Bergen, an einem großen Fluss lebte einmal ein Bauernsohn namens Hans.

Seine Eltern waren schon alt und so verrichtete er praktisch allein die ganze Arbeit, er war ja ein kräftiger Bursche.

Eines Tages musste er an den nahe gelegenen Königshof frisches Gemüse und Früchte liefern. Als er mit seinem Fuhrwerk an einer Wand vorbeifuhr, hörte er eine liebliche Stimme ein Lied singen. Hans stellte sich auf den Sitz und erblickte im Königsgarten ein wunderschönes Mädchen. Es saß auf einer Schaukel und sang. Nie zuvor hatte Hans ein schöneres Mädchen gesehen, im Dorf nicht und in der Stadt auch nicht. Feige war er nicht und so kletterte er kurz entschlossen in den Garten und sprach mit dem Mädchen. Da er ein stattlicher und freundlicher Bursche war, verliebte sich die Königstochter, denn sie war eine solche, in ihn.

Und so trafen sie sich heimlich. Eine Weile ging das gut, doch irgendwann wurde der Bauernsohn gefasst und vor den König gebracht. Der König aber ärgerte sich sehr, dass seine wunderschöne geliebte Tochter sich einen Bauernsohn ausgeguckt hatte und ihn heiraten wollte. Voller Zorn heckte er einen Plan aus. „So leicht soll es dir nicht werden! Wer meine einzige Tochter haben will, der muss mir aus dem Zauberland eine Schale holen, in der man die ganze Welt sehen kann. Bringst du mir, was ich verlange, so kannst du meine schöne Tochter heiraten."

Damit hoffte der König, den jungen Bauernsohn auf immer loszuwerden. Hans nahm Abschied von der Prinzessin und begann seine Wanderschaft. Auf der Suche nach dem Zauberland führte ihn der Weg durch tiefe Täler, in die dunkelsten Wälder, auf die größten Berge. Aber keiner konnte ihm sagen, wo er die Schale finden könnte, in der man die ganze Welt sehen kann. Einmal verirrte sich Hans in einen Bergwald. In der Dunkelheit sah er ein kleines Licht und kam zu einer Höhle. Als er eintrat, saß ein alter Mann beim Feuer ganz allein. Der Bauernsohn erzählte ihm sein Leid. „Da ist viel von dir verlangt worden, aber ich will dir helfen", sagte der alte Einsiedler. Er malte seltsame Zauberzeichen auf ein weißes Viereck auf dem Tisch und gab es ihm zusammen mit einer Schatulle. „Ich habe einmal einem Grafen geholfen, der gab mir die Schatulle als Belohnung. Ich kann sie aber nicht mehr gebrauchen. Und nun pass auf! Es wird schwierig! Du wirst viele schreckliche Dinge sehen, du darfst aber keine Angst haben, dann wirst du im Zauberland die Schale finden, die du suchst." Und der alte Mann erklärte Hans den Weg.

Lange lief Hans mit einer Fackel durch die Höhle. Diese wurde immer enger, bis er schließlich an ein verschlossenes Tor kam. Mit dem Schlüssel des Einsiedlers öffnete er das Tor und ging hindurch. Das Herz klopfte ihm bis zum Halse. Er war im Zauberland!

Der Himmel war hier ungewöhnlich hell, die Sterne waren nicht zu sehen. Auf einmal bemerkte er hoch oben bunte blinkende Lichter und duckte sich vor Angst.

„Du musst aber weitergehen", sagte er sich nach einer Weile und fasste Mut. Und er ging weiter, vorbei an großen Zaubertürmen, in jedem war Sonnenlicht gefangen. Er begegnete vielen Zauberern, die auf seine einfache Bauerntracht starrten. Trotz seiner Befürchtungen hielt ihn niemand auf. Er staunte über riesige durchsichtige Häute, die in allen Zaubertürmen gespannt waren. „Von welchen Tieren mögen die bloß sein?", wunderte er sich. Zwischen den Türmen bewegten sich schreckliche riesige Käfer mit leuchtenden Augen. Zuerst war er erschrocken, als er darin eingeschlossene Zauberer erblickte. Waren die etwa verschluckt worden? Aber dann merkte er, dass die Zauberer die Käfer lenkten und staunte noch mehr. Endlich kam er zu seinem Ziel, versuchte eine durchsichtige Haut wegzuschieben, um in einen Raum voller Zauberschalen zu gelangen. Der Zauberer im Innern beobachtete ihn eine Weile, bis er schließlich an der Haut zog und ihn einließ. Er sprach in einer seltsam vertrauten Sprache, von der Hans aber nur wenige Worte verstand.

Hans gab ihm das weiße Viereck des Einsiedlers und die Schatulle. Beim Öffnen der Schatulle fauchte der Zauberer vor Überraschung, sah Hans mit großen Augen an, überließ ihm aber eine der Zauberschalen.

Sie war schwarz, groß wie ein Kürbis und zur Hälfte bespannt mit einer glänzenden Haut.

Die Schale plapperte den ganzen langen Weg zurück und zeigte ihm ununterbrochen Bilder aus der Zauberwelt, lustige und traurige, schöne und hässliche. Als er zurückgekehrt war, bedankte er sich beim Einsiedler. „Hiermit kannst du den Zauber beenden", sagte der Alte und zeigte ihm einen runden Knopf. „Und sage dem König, er soll die Schale nur selten benutzen, sonst wird sie immer schwächer."

Glücklich wanderte Hans nach Hause und konnte es kaum erwarten, seine Prinzessin zu sehen.

Im fernen Zauberland aber, ging auch der Zauberer heim, der Hans die Schale gegeben hatte und erzählte seiner Frau: „Du kannst dir nicht vorstellen, wer heutzutage alles einen Fernseher kauft! Da kommt doch einer zu mir, sieht aus wie ein Bauerntrampel, angezogen wie im tiefsten Mittelalter, verlangt einen tragbaren Fernseher und gibt mir dafür eine Kiste voller Diamanten! Das gibt' s doch nicht!"

Ludmilla Scholz

Ich spüre sie

Erde
ein Segen
für alles Leben erschaffen
unsterblich

Erde
erde mich
gib mir festen Halt
immer

Erde
wehre dich
hirnlos wütet der Mensch
Gnade!

Ich spüre sie, den Sand, wie Puderzucker,
zwischen meinen Zehen. Nirgends blühen
so viele Kornblumen, Mohnblumen und Margeriten
wie an Feldwegen in der Mark Brandenburg.
Ich sehe sie blühen.

Antje Sommerfeld

Ladies Night

Luise hatte schlechte Laune, als sie sich im Spiegel musterte. Die Lippen brauchten mehr Schwung, ihren Wimpern fehlte Farbe und die Augenbrauen konnte sie nur ungenau mit einem Rest vom Lidschatten nachziehen. Sie war unzufrieden mit sich, unzufrieden mit den Vorräten im Kosmetikschrank und vor allem unzufrieden wegen all der Utensilien, die ihr fehlten. Luises Geldmangel war permanent. Den zerfledderten Fünfeuroschein im Portmonee hatte sie mehrfach ausgeben wollen, jedoch war es ihr in den letzten Tagen gelungen, sich mit Kleingeld, manchmal mit anderen Tricks, über Wasser zu halten. In der Zeitung hatte Luise von der langen Nacht des Einkaufs gelesen und sich besonders für das Stadtpalais interessiert. Hier wurde zusätzlich mit „Ladies Night" geworben, und genau das war für Luise Anlass genug, rechtzeitig aufzubrechen. Ungeduldig, vielleicht auch etwas erregt, schnappte sie sich ihren Stock. Nie vergaß Luise diesen Begleiter, und am Abend war er noch wichtiger als sonst.

In der Brandenburger Straße drängten sich Touristen, Einheimische, Alte und Neugierige. Sie drängten sich an Blumenrabatten vorbei, jonglierten zwischen Stühlen und Tischen vor den Kaffeehäusern oder bildeten Menschentrauben wegen seltener Auslagen der kleinen Geschäfte. An den Ecken versuchten Straßenmusikanten, mit jubelnden Instrumenten die Gunst des langen Tages zu verlängern und in dunklen Nischen lungerten einzelne Stadtstreicher mit halb vollen Bierflaschen. Die Straße war belebt wie selten; und an anderen Tagen um diese Zeit längst wie leer gefegt. Luise konnte sich im Erdgeschoss des Stadtpalais nur mit Mühe an den Schmuckauslagen vorbeidrängen, die Verkäuferinnen hatten alle Hände voll zu tun. Menschen drängten sich an allen Ständen, als wollten sie an diesem Abend ihr ganzes Geld ausgeben.

Im Lichterglanz und Einkaufsrausch staunte niemand über die ansonsten viel beachtete, wundervoll verzierte Glasdecke des Hauses, durch die der Halbmond mit verschwommener Sichel schimmerte. Es achtete auch niemand auf Luise, niemand sah ihr unmöglich geschminktes Gesicht und niemand bemerkte ihre Aufregung. Ihr Herz pochte laut, aber dies vernahm nur sie selbst. Endlich, in der Kosmetikabteilung angekommen, beruhigte sich ihr Pulsschlag. Hier stöberten vereinzelte Leute, suchend zwischen den Regalen, herum. Und weniger Menschen bedeuteten für Luise weniger Aufregung. Mit ausdauernder Geduld suchte sie sich die preisgünstigste Zahnpasta, legte diese in den Einkaufskorb und hatte dabei längst die ganze Palette der Eyeliner mehrmals aufmerksam ins Auge gefasst. Langsam schlenderte sie um die Auslagen, blickte sich noch einmal kurz um, und im selben Augenblick verschwand blitzschnell der dunkelblaue Stift in ihrer Tasche. Jetzt kehrte Luise zum Regal mit Zahncreme zurück und legte die Tube aus dem Korb wieder ins Fach. Dann nestelte sie zwischen verschiedenen Kosmetikartikeln, ordnete zum Schein die ausliegende Ware, um schließlich erneut eine Zahncreme in den Einkaufskorb zu werfen. Anschließend stelzte Luise mit forschen Schritten zur Kasse, vorbei an den Lidschatten. Blitzartig verschwand ein Kästchen der gleichen Tönung in ihrer Handtasche.

Viola, die junge Kassiererin, war aus ihr unerklärlichen Gründen auf Luise aufmerksam geworden. Luise sah den Blick der Frau und erschrak, drehte sich geistesgegenwärtig um und sagte laut: „Ach ich habe ja das passende Mundwasser vergessen." Sie blickte sich unsicher geworden um, aber niemand sonst hatte etwas bemerkt. Im selben Moment wurde die Kassiererin vom nächsten Kunden abgelenkt. Luise eilte, sich dabei möglichst unauffällig bewegend, zum anderen Ende des Geschäfts. Dort wusste sie, stehen Pflegemittel. Ihr fehlte eine Hautcreme. Ohne lange zu überlegen, schnappte sie die größte Schachtel von Florena, versenkte auch diese in der Tasche, um nun unverzüglich zur Kasse zurückzukehren. Als die Kassiererin den Preis für Zahncreme nannte, schlug versehentlich Luises Tasche vernehmbar gegen den Ladentisch. „Was haben Sie in der Tasche versteckt?", fragte Viola in schärferem Ton als beabsichtigt. „Nichts!" Schlagartig wusste Viola, was sie vorhin im Unterbewusstsein erfasst, aber nicht geglaubt hatte. „Sie haben geklaut", schrie Viola und war über sich selbst erschrocken. „Geben Sie sofort heraus, was darin ist." Die junge Frau ergriff die Tasche. Luise wollte davonlaufen, wurde jedoch von Viola am Arm gepackt. „Sie bleiben hier, ich rufe den Chef." Luise holte aus und schlug mit dem Stock auf Violas Arm. Als sie erneut zuschlagen wollte, packte ein Mann geistesgegenwärtig ihre Hand. Dann hielt er sie fest und es gab für Luise kein Entrinnen. Er hatte an der Kasse den Wortwechsel verfolgt und verstanden, worum es ging. Luise strampelte, ihr Bein schmerzte aufs Heftigste. Sie rammte die Schuhspitze in die Wade des Mannes. Jetzt packte er Luises Arme, drehte diese auf den Rücken und hielt sie fest. Alles Schimpfen, Schreien und Fluchen half nichts. Kurz darauf trafen zwei herbeigerufene Beamte ein. Als die Polizisten den Mann mit der strampelnden Frau erblickten, mussten sie lächeln, wollten höflich beschwichtigen.
„Sie können die Dame jetzt loslassen", meinte einer der Ordnungshüter. Sofort stürzte sich die Wütende auf beide Beamten und schlug zu. Dem ersten sauste ihr Stock auf die Schulter, der andere wurde damit am Kopf getroffen. „Erst klauen und nun auch noch frech werden", schrie mit schmerzverzerrtem Gesicht

der Polizist. Er tastete vorsichtig nach seiner anschwellenden Beule. „Na und, ich bin hier nicht die Einzige, die etwas klaut", zischte Luise wütend, „jeder klaut hier mal was." „Was Sie hier veranstalten, das ist Diebstahl, räuberischer Diebstahl. Das ... das ist Hausfriedensbruch, das ist Körperverletzung und dazu Widerstand gegen die Polizei. Jetzt zeigen Sie sofort Ihren Ausweis", brüllte der Beamte im Befehlston. Ohne Luises Antwort abzuwarten, schnappte er sich die Tasche, riss den Verschluss auf und stülpte sie um. Ein abgegriffenes Portmonee, ihr Ausweis, das Schlüsselbund sowie alles Diebesgut purzelten auf den Kassentisch. „So, so, Sie heißen Luise? Luise Finger! Stimmt das, Ihr Geburtstag ist der fünfzehnte Mai, im Jahre ... 1935?", las der Beamte, mit immer langsamer werdender Stimme. „Dann sind Sie jetzt ...", er überlegte kurz, „sieben ... und ... siebzig Jahre?" „Na und? Ich hoffe, dass das Alter für und nicht gegen mich spricht", konterte Luise schlagfertig und knallte wütend ihren Gehstock auf den Boden.

Klaus Andreas

Walderdbeerenwiese

Den Sommer erwartete Maria schon immer mit großer Sehnsucht, dieses Jahr aber war das Warten kaum zu ertragen. Der Winter wollte sich einfach nicht geschlagen geben, nach kurzen Frühlingstagen voller Vogelgezwitscher und blendender Sonnenstrahlen kam doch die Kälte zurück, einmal und noch einmal. Als das Mädchen schon geglaubt hatte, der Winter würde sich nie wieder verziehen, egal was die Erwachsenen behaupteten, kam der Frühling wie eine Explosion. Eine Explosion der Farben, Gerüche und dieser unbeschreiblichen grundlosen Freude, wobei man ununterbrochen hopsen möchte, so hoch, wie man mit sechs Jahren nur kann. Schon bald darauf hatten die Großeltern begonnen, die Bienenstöcke zum Umzug vorzubereiten. Es waren Holzkisten mit schrägem Dach und einem Loch in der Mitte der Vorderwand, so viele Kisten, mehr als Maria Finger hatte. Sie legte ein Ohr an das warme, nach Honig riechende Bienenzuhause und fühlte verzückt das Vibrieren der Wand. Die Bienen waren schon wach.

Das Waldgrundstück der Großeltern lag auf einer großen gerodeten Lichtung, weit weg von ihrer Kleinstadt und den nächsten Dörfern, an einem geheimnisvollen, in einer Senke versteckten See. Maria war mit ihren Eltern und der jüngeren Schwester schon einige Male dort gewesen und fand den Wald, die Tiere auf dem Hof, die Blumenwiesen ringsum einfach paradiesisch. Wenn sie aber da bleiben wollte, hieß es, sie müsse sich noch gedulden, sie wäre noch zu klein, um im Sommer bei den Großeltern alleine zu sein. Diese Ausreden der Erwachsenen hatte das Mädchen gehasst. Ihre Schwester war klein, aber sie doch nicht! Sie konnte schon rechnen und lesen, obwohl sie noch nicht zur Schule ging. Außerdem reichte Maria ihrem Opa schon bis über den Bauchnabel. Man konnte sie nun wirklich nicht mehr klein nennen. Doch diesen Sommer durfte sie endlich alleine zu Opa und Oma.

Es wurde ein Pferdewagen bestellt, um die Bienenstöcke abzutransportieren. Und nach einer kleinen Ewigkeit brachte der Vater auch Maria mit dem Motorroller in den Wald auf die Bienenfarm. Die ersten Tage war sie überglücklich: alles war neu und aufregend, so viel gab es zu entdecken und zu untersuchen. Doch nach einer Woche ließ der Reiz der neuen Umgebung nach. Maria durfte nicht alleine in den Wald und zum See, nur mit Opa, er hatte aber kaum Zeit, musste viel arbeiten. Es gab zwar Nachbarn auf der Lichtung, doch keine weiteren Kinder, nur einen überheblichen vierjährigen Jungen, der schon bei Marias Ankunft laut verkündet hatte, Besseres zu tun zu haben, als mit einem Baby zu spielen. Dem großen Wachhund, der an einer Leine im Hof angekettet hin und her rannte, durfte sie sich auch nicht nähern. Umso froher war Maria, als ihre große Cousine Tamara kam, um die Großeltern in den Schulferien zu besuchen. Sie war acht Jahre älter, kannte viele Kartenspiele und konnte wunderschöne spannende und manchmal gruselige Geschichten erzählen. Die Tage waren wieder interessant und lustig. Die beiden Mädchen entdeckten viele lauschige Plätzchen am See, beobachteten von den Hängen des kleinen Tals Rehe mit Kitzen, die zum Trinken ans Ufer kamen, sammelten auf den Wiesen ringsherum Blumensträuße und Unmengen von dunkelroten, kleinen, herrlich duftenden Walderdbeeren. Bis Tamara den überheblichen Konstantin entdeckte. Danach interessierte sie sich nicht mehr für Spaziergänge im Wald, erzählte keine Geschichten mehr. Maria begriff es einfach nicht. Wie konnte man den ganzen Tag an den Zaun gelehnt diesem Idioten begierig zuhören und bei jedem dritten Wort von ihm hemmungslos kichern? Alles, was Maria vorschlug, wurde mit fadenscheiniger Begründung abgelehnt. Wenn die Cousine jetzt Karten spielte, dann nur mit Konstantin. Maria fühlte sich komplett ausgeschlossen und wurde mit jedem Tag wütender.

Eines Tages, als Tamara wieder lieber am Zaun mit Konstantin kleben wollte, statt mit ihr Walderdbeeren zu sammeln, entschloss sich Maria, alleine in den Wald zu gehen. Sie war sich bewusst, dass sie eine Grenze überschritt, als sie über den Hof am Wachhund vorbei zum Gartentor schlich. Aber was sollte schon passieren. Die Sonne scheint, es ist noch hell, sie läuft nur schnell zu ihrer Lieblingswiese hinter dem See und ist im Handumdrehen wieder da. Keiner merkt etwas. Der Waldweg führte runter und rauf, das hohe Gras wiegte sich im leichten Wind. Im Gebüsch der Senke zwitscherten die Vögel, hier war es dunkler und auch feucht. Zu ihrer Rechten zeterte laut eine Elster. Der Weg führte auf den Hang hinauf und plötzlich erschien im Sonnenlicht ein kleiner Welpe. Maria war begeistert. Sie wollte schon lange einen eigenen Hund haben. „Was machst du denn hier?", beugte sie sich herunter und kraulte dem Kleinen den Kopf. „Du bist wohl von den Nachbarn ausgerissen!" Der Welpe plumpste auf den Rücken und zeigte ihr den weißen Bauch. Er hatte einen großen Kopf, ein graues Fell und einen niedlichen weißen Fleck auf der gewölbten Stirn. Maria hob den Kleinen hoch, er versuchte, ihr dabei ins Gesicht zu lecken. Sie lachte und drückte ihn fest an die Brust. Sie fühlte sich nicht mehr einsam, tobte über die ganze Wiese und spielte mit ihrem neuen Freund. Die Walderdbeeren waren vergessen und dass die Sonne unterging, merkte sie auch nicht. Sie kraulte dem Welpen zum hundertsten Mal den Bauch, als sie ein leises Knurren hörte. Maria sah sich um. Auf dem Waldweg neben der Wiese stand eine große graue Hündin mit struppigem Fell und eingefallenen Seiten. Sie neigte den großen Kopf zur Seite und sah Maria ein paar Augenblicke mit unheimlichen gelben Augen an. Hinter ihr tapsten mehrere Welpen herbei, die alle wie Marias kleiner Hund aussahen. Dann

kläffte die Hündin einmal kurz und der neue Freund kullerte über die Wiese zu seinen Geschwistern. Das Muttertier drehte sich majestätisch langsam um, warf noch einen letzten gelben Blick auf Maria und stolzierte mit seinem Nachwuchs in den Wald.
Wie von einem Zauber befreit, merkte das Mädchen, dass die Sonne schon untergegangen war und beeilte sich, nach Hause zu kommen. Sie wollte beim Abendbrot die Großeltern unbedingt ausfragen, wem die graue Hündin gehören mochte und ob man ihr vielleicht den Welpen schenken würde.

Schon beim Herannahen hörte Maria Stimmengewirr. Die Großeltern und Nachbarn standen am Zaun und redeten laut auf Tamara ein. Selbst von Weitem war zu sehen, dass das Gesicht der Cousine rot wie eine Tomate war. Marias Erscheinen löste einen kleinen Tumult aus. Auf Aufforderung erzählte das Mädchen, wo sie gewesen war, und mit viel Begeisterung von dem kleinen Hund, seinen Geschwistern und den unheimlichen Augen seiner Mutter. Als sie endete, waren alle merkwürdig still und ihre Gesichter merkwürdig weiß. Maria verstand nicht, warum Tamara an diesem Abend so viel Schimpfe bekommen hatte. Einerseits tat ihr die Cousine leid, wie sie schluchzend ins Bett kroch, ohne etwas zu essen, doch andererseits fühlte sie leise Schadenfreude und fand, dass Tamara recht geschah. Schließlich hatte sie ja nicht mit ihr Walderdbeeren sammeln wollen.

Ludmilla Scholz

59 /

Von König un Ketuffeln (gehört to de Trilogie dorto)

Düsse herrliche Knolle kummt von eern Ursprung ut Südamerika. In 16. Jahrhunnert köm se mit de Seefahrers nah Spanien un von dor ut hierher. In grooten Stil ward de Ketuffel in Düütschland seit dän 18. Jahrhunnert anboot. Un de Ohle Fritz, ass Friedrich der Große meist heet, har sien Andeel doran, dat dat so köm.

In Preußen heeten de Ketuffeln „Tartuffoli", in dat Hochdüütsch von vedage „Kartoffeln".
Whän ik upen Markt na eene bestimmte Sorte frage, na eern Härkommen un Geschmack, dänn krieg ik meist what von „festkochend" un „mehlig" oder so ähnlich to hörn un vöörstellt. Un denk, oh, oh, düsse Lüür!

Um düsse Tied in Harst, würn de Ketuffeln arnt, oder wie dat domals heete: Ketuffeln klein, man to, man to, von alleen kriecht sick de nich rut! Up dän Bodden rümrutschen mössen ok de Kinner. It wör so väl to don, dat alle Lüür, Jung un Old, mit ran mössen. Kold, natt un klappschiedig wör dat. Dat enzig goode wör de hede Kaffee (för de Kinner geev dat Muckefuck) un för alle tohoopen, dän noch warmen Bodderkooken, meist frisch ut dän Backaben, to de Pausentieden Nahmiddags. Schließlich wörn alle Sorten bihopen, de „Hansa", de „Grata", de „Sieglinde" un de „Linda" för de Minschen, un annere Sorten för de Schwiene. Eene Sorte na de annere wör utkleit, sammelt up ünnerschiedliche Hoopen un schließlich in Säcke füllt, uplort up' n Ackerwagen un na Huus bracht. Dor fünnen se na dat upwännige, stöbenige Sortieren mit eene Meschine, in Ketuffelnkeller Platz. Een Deel von de Ketuffel wöör blos uppen Wagen schütt un anschließend öber eene Rutsche in Keller rünner- un affschütt. Weder to kold, noch to warm dröff dat dor in wän, düster möss dat ock sien, süss wörten de Ketuffeln gröön un kiemten oder se fulten. Dat güng alls nich, dänn Minsch un Tier läävten dän ganzen Winter dorvon.

To' n Fierabend fünnen sick alle Lüür ton äten tohope an dän grooden Tisch in de Köken. Meist güng dat Äten mit eene Mälkzuppen los un dor na geev it Braatketuffeln. Je mehr, desto bäter för Alle.
För dat braden von de Ketuffeln wör ik tostänig. An de 10 Lüür wörn dat meist an Disch. Miene Großmudder Meta und miene Mudder Elfriede häpt mi dat so leert:
Koole Söld- oder Pellketuffeln in Schieben snieden, Speck un Zwiebeln fein würfeln, in de heete Pannen utlaten, glasig weern laten. De Ketuffeln dorto

un se von alle Sieden knusprig hellbruun braden. Mit Sölt affschmecken. To de Bratketuffeln geevt dat een Stück Wust, zum Beispiel Rotwust oder een Spiegelei. Un jümme würn Söltgurken söt-suur dorto räckt. An besonnere Daage, an Sönn- oder Fierdaage, geev dat uck mal een Sölthering extra dorto.

Eent is ock gewiss: Dat sünd jümmer de Froonslüür wesen, de Daag för Daag neben de Arbeit up' n Felle, up' n Hof, in Garden un in' n Hus, to rechten Tied ock Äten un Drinken för alle Lüür up'n Disch bringen mössen.

Ketuffeln sünd bit fündage för mi een MUTT, allns annere kann. Un deswägen bün ik an ersten Dag na de Eröffnung mit Freide un Neeschierigkeit in de Utstellung „König & Kartoffeln" in dat Huus för de Brandenburgisch-Preußische Geschichte gahne. Vääl Goodes kreech ik to seen. Dor geev it dänn ock de Affdeeling, wo festestellt ward, wie swoor de König dat mit de Burn har in de preußischen Provinzen, dat se anfüngen Ketuffeln antoboon.

Un what woll de Tofall, twee Stadtfroons ut de Johrgänge, de vündage so üm de 75-80 Johr old sünd, keeken sick to glieken Tied de Utstellung an. Kömen mi jümme nöger, un stühn bald näben mi un lärgen los:

De eerste Satz de köm, wör „Na, die musste man ja schon immer zu ihrem Glück zwingen" un de tweete folgt sogleich „Was der Bauer nicht kennt, frisst er nicht!" un glieck achterran „Die dümmsten Bauern haben die dicksten Kartoffeln".

Oh, denk ik, dat is nu wirklich good, stell mi näben de beiden Stadtdeerns un frach jem in miene Spraake: „Aber de Lüür in de Stadt, de künnt dat allns good, flink un fein?"

De Beiden keeken mi vedaddert an un de eene sächt: „Wir verstehen Sie nicht, wir können nur Berlinerisch ..."

„Na good", säch ik, „dänn is jo allns good. Gooden Dach oock!"

Hilke Brinker

p.

meine kleine stadt liegt am rande der großen
und doch ist sie viel älter

meine kleine stadt spielt ganze landschaft
mit berg und fluss und horizont

meine kleine stadt hat zu oft komplexe
und dennoch bläht sie die brust

meine kleine stadt lädt zum spazieren
in träumende gärten und stolze paläste

meine kleine stadt macht mich wütend
und wartend und manchmal nur lächeln

meine kleine stadt ist mir eine insel
und dennoch ist sie ein meer

beate fischer

KURZBIOGRAFIEN

Klaus Andreas – in einem kleinen Brandenburger Bauerndorf anno 1946 bei Mutter zu Hause geboren und aufgewachsen. Nach Schulabschluss eine Lehre und das Abitur geschafft. Davon ermutigt, zwei Fernstudien belegt, erfolgreich abgeschlossen und gleichzeitig auf Baustellen oder in Büros gewerkelt, gearbeitet und mich manchmal neu erfunden.
Erste Schreiberfahrungen als Lesepate einer Grundschule gemacht. Neue Erkenntnisse in der Schreibschule gewonnen und das Praktikum des Schreibens absolviere ich im SEKIZ Potsdam.

Sabine Blume – geboren wurde ich am 8. Mai 1949 in Havelberg. Aufgewachsen und zur Schule gegangen bin ich in Pritzwalk. Nach der 10. Klasse erlernte ich zunächst den Beruf eines Handelskaufmanns, war aber nicht lange in diesem Beruf tätig, sondern arbeitete in der Zeit von 1973 bis 1990 in einer Arztpraxis als Arztsekretärin. Während dieser Zeit begann ich, für die hiesige Märkische Allgemeine Zeitung als Volkskorrespondentin zu schreiben und wurde dort im Oktober 1990 als Redakteurin eingestellt. Im Juli 2005 beendete ich meine Berufstätigkeit.
2005 erschien mein erstes Buch „Jessicas Geheimnis" (Kurzgeschichten).

Hilke Brinker – geboren 1949 in Haendorf bei Bremen. Bis zum 16. Lebensjahr Landpflanze, geprägt vom bäuerlichen Leben, gemeinsamem Tun und Verantworten, vom freiwilligen „Hand- und Spanndienst" aller Dorfleute. Ich bin aufgewachsen mit dem Bewusstsein, dass alles, nicht nur die Natur, zum Wachsen und Gedeihen vier Jahreszeiten benötigt. Und dass der weite norddeutsche Horizont, diese Begrenzungslinie zwischen Himmel und Erde, zwar manchmal grau ist, aber niemals den Weitblick verstellt.
Ein Traum führte mich 2001 nach Potsdam. Ich bereiste mit einem Kleinbus eine wunderschöne Gartenstadt und konnte zwischendurch immer sehr weit schauen. Das müssen die berühmten Sichtachsen gewesen sein! Weit schauen zu können ist für meine norddeutschen Augen geradezu lebenswichtig!
Dass ich mich einmal schreibend ausdrücken würde, hätte ich nicht vermutet. Erst im Studium der Kulturpädagogik kam ich mit dem Kreativen Schreiben in Berührung. Die erste Arbeitsaufgabe war es, eine Geschichte zu einem Bild zu verfassen. Sie fiel zu meinem eigenen Erstaunen in meiner plattdeutschen Muttersprache als kleines Gedicht aus.
2005 erinnerte mich eine Weiterbildung in außerschulischer Jugend- und Erwachsenenbildung, die mein Metier ist, ans Kreative Schreiben, an eine

der Möglichkeiten, Lern- und Lehrprozesse künstlerisch zu gestalten. Seither entstehen „Geschichten vom Leben" (Gedichte und Prosa).
Schreiben ist Selbstwahrnehmung, Selbststabilisierung. Schreiben lässt Nähe und Distanz zu. Schreiben bewegt und hält gleichzeitig die Zeit an zum Nachdenken, Nachspüren, Nachsinnen. Schreiben ist Überleben.

Beate Fischer – geboren 1967 in Potsdam; Studium Soziologie, Psychologie und Linguistik in Potsdam und Edinburgh/Schottland; Arbeit bei Radio und Fernsehen; seit 2004 selbstständige Lektorin; 2010 bis 2012 Zweitstudium Biografisches und Kreatives Schreiben - Alice Salomon Hochschule Berlin; seit 2011 (An-)Leiterin der Schreibgruppe im SEKIZ Potsdam; schreibt Kurzprosa und Lyrik, insbesondere Haiku, Veröffentlichung u. a. Haiku-Jahrbücher 2012, 2013 und 2014, Edition Blaue Felder, Tübingen

Brigitta Schmidt – ist Elektromechanikerin, Reprofotografin und Meisterin für Polygrafie. An der Schule des Schreibens Hamburg erwarb sie ein Zertifikat für Belletristik. Vor vier Jahren hat sie einen Roman herausgebracht und jetzt schreibt sie Kurzgeschichten und „Reiseszenen". Bis zur Rente hat sie 14 Jahre lang eine Begegnungsstätte geleitet.

Ludmilla Scholz – geboren in der Sowjetunion; studierte Physik und Astronomie an der Uni Charkov; arbeitete als Programmiererin in der DDR; Fortbildungsstudium in der BWL; arbeitet in der Verwaltung; veröffentlicht Gedichte in einer Zeitung

Antje Sommerfeld – geboren 1941 in Babelsberg, von 1959 - 2002 in der damaligen BRD. Als Kinderkrankenschwester, in der Krankenhausleitung und in der Krankenpflegeausbildung tätig, außerdem arbeitete sie als Personalfachfrau. Schrieb mit Begeisterung Briefe, die „Schreiberei" nahm sie gefangen, seit 15 Jahren in Schreibwerkstätten und Kreativem Schreiben aktiv. Veröffentlichungen: „Haller Kreisblatt", Westfalen, Lesungen, Blickpunkt Potsdam

Maria Stolz – geboren 1979 in Potsdam als Tochter einer OP-Schwester und eines Redakteurs bei der Lokalpresse. Aufgewachsen und erzogen, groß geworden und ausgebildet in Potsdam, nach dem Abitur Aufnahme eines Literaturstudiums zunächst in Berlin, dann Potsdam. Studienaufenthalt in Manchester, UK. Lebt und arbeitet mit und an literarischen Texten, seit sie denken kann. Verfasst hauptsächlich Lyrik und Kurzprosa, gegenwärtig arbeitet sie an einem etwas längeren Text, doch was das mal wird, ist ungewiss.